U0052966

《現代佛學叢書》總序

　　本叢書因東大圖書公司董事長劉振強先生授意，由偉勳與惠南共同主編，負責策劃、邀稿與審訂。我們的籌劃旨趣，是在現代化佛教啟蒙教育的推進、佛教知識的普及化，以及現代化佛學研究水平的逐步提高。本叢書所收各書，可供一般讀者、佛教信徒、大小寺院、佛教研究所，以及各地學術機構與圖書館兼具可讀性與啟蒙性的基本佛學閱讀材料。

　　本叢書分為兩大類。第一類包括佛經入門、佛教常識、現代佛教、古今重要佛教人物等項，乃係專為一般讀者與佛教信徒設計的普及性啟蒙用書，內容力求平易而有風趣，並以淺顯通順的現代白話文體表達。第二類較具學術性份量，除一般讀者之外亦可提供各地學術機構或佛教研究所適宜有益的現代式佛學教材。計畫中的第二類用書，包括(1)經論研究或現代譯注，(2)專題、專論、專科研究，(3)佛教語文研究，(4)歷史研究，(5)外國佛學名著譯介，(6)外國佛學研究論著評介，(7)學術會議論文彙編等項，需有長時間逐步進行，配合普及性啟蒙教育的推廣工作。我們衷心盼望，關注現代化佛學研究與中國佛教未來發展的讀者與學者共同支持並協助本叢書的完成。

傅偉勳　　楊惠南

自 序

　　當今所見佛學研究，有兩種取向比較特殊：一種是廣泛運用文獻學方法從事傳統教義的貞定工作，或自設「創造詮釋學」方法從事傳統教義的革新工作；一種是援引當代科學或哲學思潮和佛學相互印證，以加深現代人對佛學的印象和認取的雅興。這對於長期以來「低迷不振」的佛學界，多少有些激勵（使其活化）的作用；同時對於佛教的傳播和發揚，也當有正面的意義和貢獻。不過，如果只停在這個階段，恐怕還看不出對已經深受「現代化」的蠱惑和戕害的當代心靈能起什麼「療治」的功效。於是繼起的佛學研究者，仍得思考佛學研究「如何開展」的問題。

　　大家有目共睹，人類所推動的「現代化」，給自己帶來了空前的兩項浩劫：一項是「現代化」的支柱「工具理性」或「科技理性」的過度膨脹，大量耗費不可再生能量，導至資源枯竭、環境惡化、生態失衡和核子恐怖等危機，人類正在自食可能「沒有明天」的惡果；另一項是「現代化」中的「現代性」，預設了「人為主體」而發展出來的「權力宰制」還在盲目的擴張中，使得自然和人性、個人和社會以及個人和個人之間原該相互依存而和諧融通的情境越來越難以實現，而徒然深化了自我的孤獨和悲苦！面對這一「千瘡百孔」的世界和日漸「自我流失」

的現象，人類可有什麼良策加以改善？

此刻無法乞靈於西方，因為「現代化」正是西方人所策畫和帶動的，他們不可能一面霸佔著豐厚的物質享受和炫人的權力利益還一面帶領著大家「逆現代化」而行。那只有乞靈於東方了。東方有源起於道家的氣化宇宙觀和源起於佛教的緣起宇宙觀，都可以據為對治西方促使「現代化」必然出現的機械宇宙觀。不論是氣化宇宙觀還是緣起宇宙觀，都不崇尚戡天役物，有利於世人從事比較長遠而平穩的生涯規畫（不像採信機械宇宙觀後流於「與自然競利」而惶惶不可終日）。其中又以緣起宇宙觀對治機械宇宙觀最容易見效，理由是這種宇宙觀當宇宙萬物為「眾緣和合」所成（眾緣不和合宇宙萬物就消失），所以宇宙萬物就「無自性」（無自性就是空），而人只要不執著宇宙萬物的「實有」，就能解脫痛苦煩惱而臻於涅槃寂靜境界，這樣所採取的應世策略一定最少耗費資源，而可以避免人類自蹈的「速取滅亡」一項災禍。還有由緣起宇宙觀衍生（或併生）的「無我」觀念，否定了世俗競逐權利的必要性，自然也可以藉來淡化和機械宇宙觀互通的「人為主體」觀念，而使人的存在多一分「自由」、「和諧」的保證。

正由於佛教在當世具有這樣的「優位性」，所以佛學研究也要導向「對治現代化」的途徑上去，才能顯出這類研究特有的意義和價值。宗教本來就深植在現實生活的土壤中，而任何有關宗教的研究，也得有所回饋於現實生活，不然這樣的研究就會失去訴求的對象和無從發揮應有的影響力。我們看當今那些現成的佛學研究，固然猗歟多姿，但要論到「何處用武」，卻又說不上來，豈不是太可惜？因此，這裏所指出的「對治現代

化」這條路，應該是再度開展佛學研究最有遠景的取向。有志奉獻於佛教事業或關心人類前途的人，「盍興乎來」共襄盛舉（以上曾以〈佛學研究再開展〉為題，發表於《法光》第六十七期）。

　　現在本書所見這些篇章，就是在這個前提下考慮撰寫的。有的直接表露佛教對治現代化可以最見力道，有的先強化佛教本身的「功能」而間接導向對治現代化的道路，充分顯現個人對佛教未來發展的一點期望。眼見人類難以再有可以安居樂業的環境和普遍沈溺於現代化迷夢所出現的窘境，總有排遣不開的煩憂和不忍，所作的這項呼籲，就算是願意克盡一己參與改善目前境況行列的棉薄之力的表示吧！

　　　　　　　　周慶華

　　　　　　　　　一九九七年元月於新店

佛學新視野

目次

第十章 「格義」學的歷史意義與現代意義

附 錄：後設宗教的當代性格及其問題

參考文獻

導論：詮釋的新向度

——從既有的詮釋理論談起

一、本題的源起

人類從什麼時候開始有詮釋的自覺，已經無法考證。如果以文獻的記載為準，那大略可以斷定在上古後期，就出現了有關詮釋課題的論說。這在中國是由於要說解《詩》、《書》等典籍所引發的❶，而在西方（尤其是古希臘）是為了要闡發神論和詩作所引發的❷。雖然中西方人早就有對詮釋課題的反省和檢討，但往後的發展卻產生極大的差異。

首先，中國人的論點，多半集中在詮釋的對象和運作上，

❶ 最有名的例子，要數孟子的議論：「說《詩》者不以文害辭，不以辭害志；以意逆志，是為得之。如以辭而已矣，〈雲漢〉之詩曰：『周餘黎民，靡有孑遺。』信斯言也，是周無遺民也。」（《孟子·萬章》）「盡信《書》，則不如無《書》。吾於〈武成〉，取二三策而已矣。仁人無敵於天下，以至仁伐至不仁，而何其血之流杵也。」（同上，〈盡心〉）

❷ 參見帕瑪(Richard E. Palmer)，《詮釋學》（嚴平譯，臺北，桂冠，一九九二年五月），頁一三～一六。

如「夫象者，出意者也；言者，明象者也……言生於象，故可尋言以觀象；象生於意，故可尋象以觀意……故言者所以明象，得象而忘言；象者所以存意，得意而忘象。」（王弼，《易略例・明象》）「夫綴文者情動而辭發，見文者披文以入情。沿波討源，雖幽必顯；世遠莫見其面，覘文輒見其心。」（劉勰，《文心雕龍・知音》）之類❸，對於詮釋的本身是什麼，以及詮釋是怎麼可能的等問題，可說都極少觸及到；而這些在西方從中古以來，一直就是眾人關注的重點。其次，中國人有關詮釋的意見，多簡略片段，且跟其他論說雜混（經常出現在文論、詩話、詞話、賦話等著作中）或表現在實際的注疏和評點中，很少（或根本沒有）有成體系的專著；而這在西方從亞里斯多德(Aristotle)〈論詮釋〉一文以下，相關的專文和專書，卻多得不可勝數。最後，中國古來所引發的詮釋課題，始終沒有大幅度的改變（頂多發生類似乾嘉考證學派和新儒學那樣的意見對立而已)；但在西方相同課題卻關連著語言學、哲學、心理學、社會學、文學、藝術等領域，隨著時代的脈動而「翻滾」向前，到現在還處在變動或進展

---

❸ 這可以看作中國的「反映論」和「表現論」。 只是對於所要反映的對象（意或道）看法不盡一致（關於道的名義不同，可參見傅勤家，《中國道教史》（臺北，商務，一九八八年八月），頁二八～四二）， 而對於是否要還原所表現的對象（情志）意見也相當分歧（贊成者就不必說了，反對者如「作者用一致之思，讀者各以其情而自得。」（王夫之，《薑齋詩話》卷上）「作者之用心未必然，而讀者之用心何必不然。」（譚獻，《復堂詞話》） 也觸處可見）。

之中。

中西方人處理詮釋課題有這樣的不同，不論是出於偶然還是別有原因，大致上已經沒有深究的必要（事實上也很難能研究出一個所以然來），但對於詮釋課題到底被討論到了什麼層次，以及還有那些未竟（可以繼續發展）的地方，這在今天仍困惑於詮釋或有待精進詮釋的我們來說，顯然是一個迫切需要知道的信息。因此，本章就從既有的詮釋理論（特別是西方近代新興的詮釋理論）檢討起，嘗試為詮釋課題所該有的環節作一點理論上的確定，以便日後（如果可信）大家的討論或實踐有個依據。而這裏所以題為「詮釋的新向度」，正表示在既有詮釋理論的基礎上，還有我們可以展望或再思考的空間。

二、詮釋本身的意義

詮釋一詞，雖然是由詮和釋二字組成，但重點在詮字上，它在中國古代多半被當作解說事理的用詞，《淮南子・詮言訓》注說：「詮，就也，就萬物之指以言其徵，事之所謂，道之所依也。」《一切經音義》卷一〇引《淮南子》注說：「詮言者，謂譬類人事相解喻也。」《說文解字》卷三說：「詮，具也。」（段注：「然則許意謂詮解。」桂注：「謂具說事理。」）現在詮釋被用來翻譯古希臘動詞 hermēneuein 和名詞 hermēneia 或英文 interpretation。而以詮釋為討論對象所形成的學問，大家就稱它為詮釋學(Hermeneutics)❹。

---

❹ 關於 Hermeneutics 的中文譯名，除了「詮釋學」，還有「闡釋

把詮釋界定為解說事理，並沒有交代解說事理的主體，不免稍嫌籠統。同樣的詞彙，在古希臘的用法中有三個基本意義指向（以動詞形式 hermēneuein 為例），就是「說話」（談話）、「說明」（解釋）和「翻譯」❺，這就比較能看出主體所屬。換句話說，解說事理不定是那個主體在進行（可能是

學」、「釋義學」、「解釋學」、「傳釋學」等。其中「詮釋學」和「闡釋學」差別不大，但使用的人卻比較偏愛前者。至於其他三個譯名，學者（或譯者）多少有些「意見」： 有人認為這門學問是對於意義的理解和解釋的研究，採用「釋義學」要比其他譯名好（見張汝倫，《意義的探究——當代西方釋義學》（臺北，谷風，一九八八年五月），頁一）；有人認為這個詞彙起源於古希臘，原有「談話」、「翻譯」和「解釋」等幾層含義，隨著該詞彙在文化和宗教中的演變，又具有「理解」、「方法」、「注疏」等含義，若僅譯作「解釋學」，該詞彙的其他方面的含義便無法從譯名上反映出來，然而譯為「詮釋學」或「闡釋學」， 又會讓人誤解它只是一種類似中國傳統文化中詮釋經典的學問或注疏章句的技巧，但在沒有探求到更適合的譯名之前，還是暫時保留「解釋學」的譯名（見殷鼎，《理解的命運》（臺北，東大，一九九〇年一月）， 頁四）；有人認為所以採用「傳釋學」，是因為「詮釋學」（按：這當也包含其他幾個名稱）中的「詮釋」往往只從讀者的角度出發去瞭解一篇作品，而未兼顧到作者通過作品傳意、讀者通過作品釋意這兩軸之間所存在著的種種微妙的問題（見葉維廉，《歷史、傳釋與美學》（臺北，東大，一九八八年三月）， 頁一七）。 類似這種譯名上的歧見，基本上沒有什麼辦法可以消除，只能說「隨人喜歡」。再來就是各展精彩去論說了。

❺ 參見注❷所引帕瑪書，頁一五。

少數特定主體，也可能是遍及一切主體）；而「說話」、「說明」和「翻譯」，不僅細分了詮釋的範疇，也指出了各詮釋範疇的主體（如「說話」可遍及一切主體，而「說明」和「翻譯」則分屬某些有專擅的特定主體）。

然而，不論詮釋是泛指解說事理，還是確指「說話」、「說明」和「翻譯」，都沒有脫離基本的詮釋學境況。就以後者為例，主體在「說話」時所作的陳述、在「說明」時所作的推理或斷言和在「翻譯」時所作的語言轉換，都是詮釋的形式；而這些陳述、推理或斷言、語言轉換等以文字表述後，形成一個個文本(text)，又成為其他主體「說話」、「說明」和「翻譯」的對象。這樣詮釋就是一種在陳述、推斷和轉換事物或文本時的智力的基本操作。後來的詮釋學，無疑是在這個基礎上發展起來的。一直到當代哲學詮釋學的出現，詮釋才又多出一個新的意義指向。

在哲學詮釋學還沒有興起以前，詮釋普遍被人當作一種方法在實際運用或討論著。首先是古希臘人的解說眾神的信息和荷馬等詩人的作品，以及中古時期人的注釋《聖經》和其他著作（特指所存古典文獻）；其次是近代施萊爾馬赫(Friedrich Daniel Ernst Schleiermacher)的系統闡述詮釋作為把握各種文本（不限於《聖經》和古典文獻）的普遍方法和率先為詮釋本身的可能性和局限作出說明，以及狄爾泰(Wilhem Christian Ludwig Dilthey)的從認識論上來證明詮釋作為人文科學特殊的方法（解釋一切精神活動的內在意義）和把它放在自然科學的實證方法（解釋一切物質現象的因果關係）同一地位上。而在哲學詮釋學興起以後，詮釋也仍有

被人當作人文科學的一般方法看待，如貝蒂 (Emilio Betti) 的提出一整套系統的方法論來確保詮釋的客觀性，剔除狄爾泰詮釋學思想殘餘的心理學因素，從而確立詮釋作為人文科學一般方法的科學地位；又如赫施 (Eric D. jr, Hirsch) 的提出一種詮釋的正確性理論，藉此可以辨別那些詮釋是正確的，或者說尋找一種正確詮釋的標準，來確保詮釋的客觀性❻。

從古希臘以來，所有的詮釋實踐和詮釋理論試圖展現或貞定這類具有認識論上或方法論上意義的詮釋，在當代遇到了海德格(Martin Heidegger) 和伽達瑪(Hangs-Geog Gadamer)等人所倡導哲學詮釋學的強力挑戰或批判。先是海德格從胡塞爾(Edmund Husserl)的現象學得到啟示，確定存有者（存在者）的存有（存在）❼是人思維的重點，而詮釋就是揭示或彰顯存有的形式；後是伽達瑪在海德格本體論的基礎上，強調詮釋的普遍性（不僅適用於人文科學，而且還適用於自然科學和社會科學），並認為存有是通過語言來體現的，而詮釋就是揭發這種存有的手段❽。海德格和伽達瑪等人，就以

---

❻ 參見注❹所引張汝倫書，頁一～八四。

❼ 按：海德格比較偏重從人的角度來談這個課題。事實上，存有者包括一切存在物，不論是具體的或普遍的、實際的或想像的、現實的或可能的，一旦能被我們的知覺或思想所肯定，都可以稱為存有者；而存有就是存有者所進行的存在活動。參見沈清松，《物理之後——形上學的發展》（臺北，牛頓，一九八七年一月），頁三二～三三。

❽ 見海德格(Martin Heidegger)，《存在與時間》（王慶節、陳嘉映譯，臺北，久大、桂冠，一九九三年七月），頁五～五二；伽達瑪(Hangs

這點為根據，一方面批駁傳統（特別是近代）的詮釋理論所認為詮釋是一個心理學重新構造的過程（詮釋的對象是從過去傳到現在的文本的原意，也就是作者當初創作時的意向），一方面越過認識論或方法論層次重新賦予詮釋一個本體論上的意義（詮釋是人存在的方式，而不是人文科學的一般方法）。從此詮釋就多了一個嶄新的意義。

以上兩種詮釋理論，在當代形成了強烈的對立，彼此全面性或局部性的「對諍」也時有所見❾，但都沒有什麼具體的結果（彼此互不妥協）。其中哲學詮釋學的另一個代表人物呂格爾(Panl Ricoeur)，企圖結合兩種詮釋理論（把認識論上和方法論上意義的詮釋，嫁接在本體論上意義的詮釋上，從而藉由語言表面意義的解析，以達到對語言深層意蘊（存有）的把握）， 使詮釋學真正能作為哲學本身，而為西方哲學提供一個新的方向❿。這是否能被雙方信守各自理論的人接受，我們不得而知。但這裏可以指出一點，就是呂格爾為縮合哲學詮釋學和傳統詮釋學所作的努力，並沒有如一般論者所述那樣可稱道的成果（倒是他無意中揭露了詮釋有不同的進程或層次，值得我們注意）。 因為兩種詮釋理論所以不同，主

-Geog Gadamer)，《真理與方法──哲學詮釋學的基本特徵》（吳文勇譯，臺北，南方，一九八八年四月）， 頁四九～五五。另參見注❷所引帕瑪書，頁一四一～二五六；注❹所引張汝倫書，頁八五～一六一。

❾ 參見陳俊輝，《邁向詮釋學論爭的途徑──從祁克果到黎柯爾》（臺北，唐山，一九九〇年九月），頁一一〇～一二〇。

❿ 參見注❹所引張汝倫書，頁一六二～一九五。

要在預設的對象（一個是語言所體現的存有，一個是文本所隱含的原意），而不在詮釋的過程；以往兩種詮釋理論的對諍，不過是緣於詮釋對象和詮釋過程的混淆不清，而呂格爾所作的分辨自然多不相干了。這樣說來，詮釋只是為瞭解或獲得某一對象（大家習慣稱它為「意義」，詳後）的過程或方法，不當再夾纏別的意義。

三、詮釋的對象問題

既然詮釋只是為瞭解或獲得某一對象的過程或方法，那接著我們要問的是：該對象到底是什麼？這或許要從詮釋所要實踐或作用的對象談起。換句話說，詮釋所要瞭解或獲得的對象不可能是自明的，而是必須由詮釋者的辨別判定將它「化隱為顯」，這就得先知道它「隱藏」在那裏。

根據前面所整理的一部「詮釋史略」來看，詮釋實踐或作用的對象，已經由稍早的神諭、詩作、《聖經》和其他典籍（在中國大略都限於書面文獻）等，擴大到後來的涵蓋所有（精神和物質）領域的人文科學、自然科學和社會科學。可見詮釋實踐或作用的對象「無所不可」；而它又可以概略的區分「語言（文字）性符號」和「非語言性符號」❶。詮釋所要瞭解或獲得的對象，就隱藏在所有語言性符號和非語

---

❶　非語言性符號，包括自然現象及人為的記號和人有意無意的行動、擺設等。後面這兩部分，參見李茂政，《大眾傳播新論》（臺北，三民，一九八六年九月），頁一〇五～一一四；方蘭生，《傳播原理》（臺北，三民，一九八八年十一月），頁一二五～一二七。

言性符號裏。

　　雖然詮釋實踐或作用的對象可遍及語言性符號和非語言性符號，但到目前為止大家討論最多的還是語言性符號。這些語言性符號是人長期「創造」積澱的成果，它建構了歷史事件、社會情境、文化規模（以上合稱為「客觀世界」）甚至主體我的內心世界（思緒意念）和私有空間（生活形態）等⓬，形成一個龐大的「象徵」網絡，其中蘊含著無窮盡的「意義」。而詮釋就是相應著為使「意義」明朗化而被設想出來的。只是所謂的「意義」究竟又是什麼？各領域（包括詮釋學、語意學、分析哲學、語言哲學、邏輯實證論等）的人始終頗有爭論。奧格登(C. K. Ogden)和李察茲(I. A. Richards)曾在他們合著的《意義的意義》一書中列出十六種「意義」的意義⓭，而皮爾斯(Charles Sanders Peirce)也曾統計過「意義」的種類近五萬之數，後來減縮為六十餘種⓮。此外，嘗試為「意義」重作定義的人，更是「花樣百出」⓯，令人目不暇給！因此，如果把各個人所說的當作詮釋所要瞭

⓬　參見周華山，《意義——詮釋學的啟迪》（臺北，商務，一九九三年三月），頁一八〇～一九四。

⓭　參見李安宅，《意義學》（臺北，商務，一九七八年五月），頁五四～七二引述。

⓮　參見注❹所引葉維廉書，頁三〇引。

⓯　參見黃宣範，《語言哲學——意義與指涉理論的研究》（臺北，文鶴，一九八三年十二月），頁一七～八一；俞建章、葉舒憲，《符號：語言與藝術》（臺北，久大文化，一九九〇年五月），頁二二四～二三七。

解或獲得的對象，這就寬泛得幾乎等於沒有說什麼；但如果
選擇性的為詮釋所要瞭解或獲得的對象劃出一個範圍，卻又
顯得獨斷而有昧於「意義的開放性」的事實。這的確是個難
題，恐怕任誰也無法理清楚。不過，事情總是有輕重緩急或
本末先後的區別，這個課題還是可以談論的。

　　我們先看語言性符號的存在狀況。雖然結構語言學曾指
出語言性符號有一種隱藏著的「聚合關係」（也就是由語音
層、語詞層和語法層等合成的「語言系譜」）⓰，但實際上我
們所意識到的是因人個別結構或組織語言性符號而成的文本
（包含字詞典這類缺少「脈絡意義」⓱的文本）。於是語言性
符號就存在（指看得見的）個別的文本中。又因為這些（文
本）現象是人有意無意主導下的結果，不可能跟人不發生任
何「關係」，所以一切的語言性符號就不純是物質性的存在，
它還具有精神意涵。這可以分兩點來說：

　　第一，使用或組構語言性符號的人，很少只是向別人展
示該語言性符號由「約定俗成」所有的內涵和指涉而已，他
還會讓該語言性符號附帶著其他目的，如為樹立權威、謀取
利益和行使教化等。後面這些，可以用大家常提及的「意圖」
一詞來概括。此外，使用或組構語言性符號的人所以有某一

⓰　參見索緒爾(Ferdinand de Saussure)，《普通語言學教程》(高名凱
　　譯，臺北，弘文館，一九八五年十月)，頁一六四～一七〇。

⓱　「脈絡意義」相對的是「字典意義」。　前者指一個符號樣型在某
　　一脈絡裏所具有的那部分意義內容，後者指一個符號樣型所可能
　　具有的所有意義內容。參見何秀煌，《記號學導論》(臺北，水牛，
　　一九八八年九月)，頁一一。

意圖，往往又跟他的存在處境或世界觀以及他所不自覺的個人潛意識或集體潛意識有關，這更為該語言性符號增添一些「始料不及」的精神意涵。

第二，旁觀語言性符號的人，他也會基於自己使用或組構語言性符號的經驗（不論是否很有限），設想或推測該語言性符號組構者的意圖、存在處境或世界觀和個人潛意識或集體潛意識等精神意涵。而這只有當他發現（有足夠證據顯示）所設想或推測的語言性符號組構者的意圖等不一定如實時，他才可能轉而思考別的課題⓮。但這仍無妨各語言性符號所具有的那些精神意涵；畢竟它還是人依賴或藉以存在的對象（不太可能剔除它跟人的這層關係）。

⓮　在中國，底下所引可稱得上是典型的例子：「（歐陽修云）昔梅聖俞作詩，獨以吾為知音，吾亦自謂舉世之人知梅詩者莫吾若也。吾嘗問渠最得意處，渠誦數句，皆非吾賞者。以此知披圖所賞，未必得秉筆之人本意也。」（《歐陽文忠公文集》卷一三八〈唐薛稷書〉）因此而有類似這樣的思維轉向：「雖然作者之意，豈能必讀者之意而悉解之？解而得與解而不得，則姑聽於讀者之意見，不必深求之也。」（劉子春，〈石園詩話序〉）「如謂說詩之心，即作者之心，則建安、大曆有年譜可稽，有姓氏可考，後之人猶不能以字句之跡追作者之心，矧三百篇哉？不僅是也，人有興會標舉，景物呈觸，偶然成詩，及時移地改，雖復冥心追溯，求其前所以為詩之故而不得，況以數千年之後，依傍傳疏，左支右吾，而遽謂吾說已定，後之人不可復有所發明，是大惑已！」（袁枚，〈程綿莊詩說序〉）（按：注❸所引王、譚二氏語也是）而在西方，從新批評、結構主義以來，凡是認為意圖不可信或不存在者，多少也跟這點有關。

由使用或組構語言性符號的人及旁觀語言性符號的人，共同默許或約定語言性符號具有這類精神意涵，保證了詮釋所要瞭解或獲得的對象的必然性（這裏還沒有把人使用或組構語言性符號時也已在對另一以語言性符號存在的對象進行詮釋那種情況算在內）。而又由同樣的精神意涵反覆（高頻率）出現在人的意識中，以至它就連同語言性符號本身的內涵和指涉，成為大家注視的對象，自然而然就佔定了詮釋所要化隱為顯的「意義」的優先地位。而這也就是為什麼從傳統詮釋學到哲學詮釋學以及由這兩種詮釋學衍生出來的方法詮釋學和批判詮釋學所論「意義」很少超出這個範圍的緣故❶。換句話說，任何詮釋理論如果不把上面所舉這些「意義」（包括語言性符號本身的內涵和指涉及意圖等各種精神意涵）當作重心去探討，就很讓人費思它的用意。因此，假使不急著關懷或開拓別的詮釋對象，那本節所分辨的這些，不妨就暫時作為討論相關課題的根據。同時，對於傳統詮釋學以下，凡是有意要限定「意義」範圍的舉措，我們也應該表示「不能苟同」的意思才行。

四、詮釋是怎麼可能的

前兩節從方法論的立場，對詮釋本身的意義和詮釋的對

---

❶ 有關傳統詮釋學以下論及「意義」的部分，參見沈清松，〈解釋、理解、批判──詮釋學方法的原理及其應用〉，收於臺大哲學系主編，《當代西方哲學與方法論》（臺北，東大，一九八八年三月），頁二二～二七。

象問題作了一些討論和建構，再來我們還要問：實際的詮釋是怎麼可能的？這個問題關係到詮釋主體如何才能完成詮釋工作以及詮釋的可靠性（也就是標準問題）的確立，必然少不了要花點功夫來論說。

現在有一種講法，先把「意義」略分為語言學上的「意義」（如內涵和指涉）、存有學上的「意義」（如存在處境、世界觀）和心理學上或社會學上的「意義」（如個人潛意識或集體潛意識）三類，然後依次以「解釋」、「理解」和「批判」的方式來進行詮釋的工作❷。但這只是涉及詮釋的進程或層次，並沒有為詮釋的可能性或可靠性提出保證，所論不免有偏。對於這一點，我們還是先從過去的詮釋理論所說的看起。

早在中古時期，詮釋《聖經》的神學家就曾察覺到，《聖經》中的任何詞語、段落、章節，必須在瞭解整體《聖經》的基礎上，才能得到瞭解和詮釋；而在瞭解《聖經》的整體含意之前，又必須從一個個詞語、段落、章節開始。這就是後來常被人提及的整體和部分的所謂「詮釋循環」的先聲❸。這到了近代，狄爾泰又發現詮釋活動跟詮釋者所擁有的知識和經驗有密切的關係，於是詮釋循環就包括相互依賴的三種關係：單個詞語和文本整體；文本本身和作者心理狀態；文本和它所屬的種類和類型。在每一種情況中，問題都是怎樣

---

❷ 同上，頁二八～四〇。

❸ 按：雖然神學家們早就觸及到這個問題，但狄爾泰認為是施萊爾馬赫率先使用「詮釋循環」一詞來表述；而當代學者韋勒克 (René Wellek) 考證是康德 (Immanuel Kant) 首先使用「詮釋循環」一詞。參見注❹所引殷鼎書，頁三四。

將已知和已經驗的部分（個別詞語或文本本身）跟更大的首先是未知和決不能全知的背景關係聯繫起來。正是這更大的背景關係給予已知的東西以意義❷。

上面所講的詮釋循環，是指文本詮釋時所遇到的現象。這在當代海德格那裏，轉變成存有的本體論特徵之一。他以「前有」、「前見」、「前設」三個概念，來說明作為存有和認識根本條件的詮釋循環：所謂「前有」(Vorhabe)，是指人決不會生活在真空中，在他有自我意識或反省意識之前，他已置身於他的世界，因此，他不是從虛無開始瞭解和詮釋的，他的文化背景、傳統觀念、風俗習慣，他那個時代的知識水準、精神和思想狀況、物質條件，他所從屬的民族的心理結構等等，都會影響他、形成他的東西；所謂「前見」(Vorsicht)，是指在前有這一存在視界中包含了許多的可能性，究竟先詮釋那些可能性，怎樣去詮釋，必然要有一個特定的角度和觀點作為入手處；所謂「前設」(Vorgriff)，是指在詮釋某事物時，總是對它預先已有一個假設（觀念），然後才能把它詮釋「作為」某物。詮釋所以可能，就是緣於由前有、前見和前設一起構成的前結構，而事物的作為結構就出自詮釋的前結構❸。稍後伽達瑪以詮釋的歷史性和詮釋的前判斷（成見），將海德格的詮釋的前結構思想加以發揮和具體化，有意為詮釋循環的本體論意義作一明確的肯定❹。

❷　參見注❹所引張汝倫書，頁三七。

❸　同上　，頁一〇五～一一〇。

❹　同上，頁一二二～一三〇。按：以上三條注釋所引書頁碼跟注❻、
　　❽所引同書頁碼有重疊，這是為求「醒目」的權宜或不得宜作法。

　　傳統詮釋學和哲學詮釋學所說的都沒有錯，而且依照本章第二節的分辨，兩種詮釋理論所論詮釋對象的差異並無妨詮釋作為方法的性質，自然也構成不了此處彼此所提及詮釋循環的對立（反而要把前者所說的已知和已經驗納入後者所說的前結構，作為詮釋所以可能的基本條件）。 只是要以這種詮釋循環來解決實際的詮釋（所以可能）問題，似乎還嫌不夠。因為詮釋主體可以進行詮釋，也可以不進行詮釋；而即使進行詮釋，詮釋主體也可以任意選擇詮釋的對象（「意義」客體），這豈能一併歸因於詮釋循環？

　　如果說實際詮釋所得必然是出自前結構而由詮釋循環理論保證它的可能性，那詮釋主體所以要進行詮釋以及刻意選擇某一詮釋對象，就不能援同例而得仰賴別的條件來保證。這個條件，就是詮釋主體的意願和意圖。換句話說，如果詮釋主體不是有意要詮釋和為了實現詮釋本身以外的某些特定目的（尤其在他深知詮釋的對象無窮盡時）， 他就不太可能或根本不可能去從事詮釋的工作。因此，從理論上來規範或辨析詮釋的進程或層次以及為詮釋的前結構確立當然的地位，只道著了詮釋所以可能的必要條件，它的充分條件還在詮釋主體的意願和意圖。

　　話雖然是這樣說，但詮釋主體的意願和意圖如果沒有具體表明，它只合藏在詮釋主體的心裏，而不會體現在詮釋的結果上。於是當我們想進一步追問這種詮釋如何可靠時，只能就根據詮釋主體的前結構而來的實際詮釋來著眼（至於詮釋主體的意願和意圖是否可議或可感，就由第三者掌握後逕行判斷或另尋依據來判斷）。 不過，這樣也難免出現一個悖

論：就是詮釋所要瞭解或獲得的對象為語言性符號本身的內涵和指涉以及該語言性符號組構者的意圖等精神意涵，而這些在詮釋過程中卻全出自詮釋主體的前結構（而跟是否真有語言性符號本身的內涵和指涉以及該語言性符號組構者的意圖等精神意涵無關）。這種悖論，目前還無法消除。只能說詮釋主體的前結構（詮釋的標準）不斷充實有關的成分，可以使詮釋所得具有相對的合理性和可靠性（能邀得多數人的認同或肯定）。至於詮釋主體還要標榜所詮釋的對象有語言性符號組構者的意圖等而實際上會有出入的情況❷，這就要著眼在詮釋主體的意圖（詳後），不必跟本節所論課題牽扯在一起。

五、 詮釋理論的新課題

當詮釋的前結構作為詮釋所以可能的必要條件逐漸變成人人盡知的事以後，它可被討論的重要性，恐怕就不及詮釋主體的意願和意圖了。而詮釋主體的意願又受到詮釋主體的意圖的「促成」（或說詮釋主體的意圖先詮釋主體的意願而存在），以至詮釋主體的意圖「自然」就成為詮釋理論的新課題。

按照當代一些言說理論的講法，「言說」作為語言使用的一個特定領域，可以通過跟它相關的制度設施、通過它所出發的立場和為言談者選定的立場來加以確認❷；而言談者

❷ 這種情況很普遍，還常引起爭論。參見注❹所引殷鼎書，頁四七～九四；劉昌元，《西方美學導論》（臺北，聯經，一九八七年八月），頁二二一～二二八。

所選定的立場又預設著「權力宰制」，致使一切「言說」都是為「權力宰制」而發❷。從這個角度來看所有的詮釋案例（詮釋案例也是以言說形式展示），實在很難不把它跟權力宰制（這裏讓權力宰制包含樹立權威、謀取利益和行使教化等意義）聯繫在一起。換句話說，詮釋主體所以從事詮釋工作，最終目標無不是為了遂行他的權力意志。因此，當詮釋主體有特別宣稱他詮釋所得的是語言性符號組構者的意圖等時，實際上也是要藉它來達到權力宰制的目的，而跟「實情」不必相關（但不妨彼此偶有相合）。這是在超越既有詮釋理論的「盲點」（悖論）後，大家可以再注視的焦點。

不過，在為詮釋主體的意圖確立可討論的價值或地位前，可能要先通過解構學的「考驗」。我們都知道當代以德希達(Jacques Derrida)為首所倡導的解構學，曾以一個重要的觀念「延異」(différance)，強烈批評傳統詮釋學和哲學詮釋學所謂邏各斯(logos)中心主義的「在場」(presence)，使得所有詮釋的對象都變成不可能❷。這的確會連帶威脅到我們現在或今後所嘗試的理論再建構。但基於言說可以在聲稱「權宜性」的情況下繼續展演❷，我們現在或今後所作的一切論說仍無

---

❷ 參見麥克唐納(Diane Macdonell)，《言說的理論》（陳墇津譯，臺北，遠流，一九九〇年十二月），頁一三。

❷ 同上，頁一三一～一五四。

❷ 參見王岳川，《後現代主義文化研究》（臺北，淑馨，一九九三年二月），頁六三～六八。

❷ 參見周慶華，《秩序的探索——當代文學論述的省察》（臺北，東大，一九九四年十一月），頁一三～一五。

妨它的存在性或必要性（只是它終將是暫定的而不是絕對的）。這樣任何詮釋主體就不可能再把詮釋所得視為當然或確義（而勢必要歸諸言說策略下的權宜作法），而他藉詮釋所得所要遂行的意圖也應當標明它的「權宜性」（至於別人信或不信，那就聽便了）。這「無疑」是詮釋理論甚該或值得開啟的一個新的向度，否則會很難再說得「圓通」或使人信服。

六、可以繼續拓展的兩個領域

在一切言說都是權宜作法的前提下，我們還可以再考慮詮釋主體的意圖如何才能實現以及詮釋主體的意圖所憑藉的對象有何展望等問題。後者（未必要在此處提出）是緣於討論前者而順便涉及，不定在本節才能顯出它的重要性；但前者就不一樣了，它是本論說依次不可欠缺的一環，為它設專節探討正屬理所當然。

因為詮釋是一種權宜性的策略運作，已經成為難以改變的「事實」，所以任何詮釋主體所作的詮釋，不可避免要跟其他詮釋主體所作同類或同質（詮釋所實踐或作用的對象一樣）的詮釋相互競爭（看誰能獲得多數人的贊同）。而為了取得競爭時的優勢（進而達到預定的目的），類如完密詮釋的程序和新展詮釋的對象等，都是必須妥為考量和處理的。如果說詮釋主體的意圖能博得他人的敬意或信仰，那完密詮釋的程序（具有高度可靠性的前提和相干且有效的推論）可能就是最重要的因緣了。至於新展詮釋的對象一項，雖然不必有益於詮釋主體意圖的實現，卻可以帶給他人另一種「觀

念受到啟迪」的驚喜。因此，後面這部分也應該為它保留一個讓人思考的空間。

當今有人從現象學、辯證法、實存分析、日常語言分析、哲學詮釋學理路等等現代西方哲學中較為重要的特殊方法論之一般化過濾，以及跟中國傳統以來的考據之學和義理之學，乃至大乘佛學涉及方法論的種種教理之間的融會貫通，而提煉出一種自創的「創造的詮釋學」，共分「實謂」、「意謂」、「蘊謂」、「當謂」、「必謂」等五個詮釋層次，引發了不同於既有詮釋理論所定的詮釋的方向❸⓿。對於這種詮釋進程或詮釋方式是否可以稱得上「創造」的詮釋，這裏暫時不予置評❸❶，但對於這種詮釋進程或詮釋方式所對應的對象有前舉詮釋理論不曾掘發的部分（如「當謂」、「必謂」兩種），卻如同是新開拓的詮釋對象，不妨大家也來試一試。而這連同前面一項（完密詮釋的程序），將是今後有意從事實際詮釋或理論建構的人最大的考驗或挑戰。

---

❸⓿　見傅偉勳，《從創造的詮釋學到大乘佛學》（臺北，東大，一九九〇年七月），頁九〜一二。

❸❶　傅氏所謂的「創造」，頗有康德的豪語「我所瞭解的柏拉圖更甚於柏拉圖自己對自己的瞭解」的意味。但我們別忘了伽達瑪也曾說過「我們不能自稱更加瞭解柏拉圖，我們只是瞭解的跟他本人的不同罷了」（參見霍伊(David Conzens Hoy)，《批評的循環》（陳玉蓉譯，臺北，南方，一九八八年八月），頁三二）。

第一章　順應現代化／對治現代化?

——今人所倡佛教現代化的商榷

一、佛教現代化?

正當全球因現代化所引致的危機越來越嚴重及另一股反「現代性」的後現代主義思潮日益暢行之際,佛教界卻突然出現許多有關「佛教現代化」的呼聲,這的確要教人驚愕和困惑不已!驚愕的是:現代化幾乎已是人人所要拋棄的夢魘,而佛教界卻要把它撿拾起來;困惑的是:佛教一旦真的現代化後,是否還能保有佛教的面貌,並不見有人一併加以評估,而可能導至「佛教現代化」不過是個盲目的舉動。

為什麼要這樣說?很多人都知道,現代化最根本的內涵就是工業化,而工業化是以西方從近代以來環繞著機械論所精心塑造的科技模式為導向所進行的變革過程❶,它的目的

---

❶　現代化所涉及的是一個社會的經濟、政治、教育、傳統和宗教的持續變革,而它又是相應著科技的發展所進行的。但這是就非西方國家來說的(西方國家從近代以來締造的現代社會規模,早已成為眾所矚目的標竿,而無所謂「現代化」的問題), 因此,有人就給現代化做了這樣的定義:「開發程度較低的社會為達到與

在於締造高度昌盛的物質文明。這雖然已經卓有成效，但相對的也造成能源短缺、環境惡化、生態危機及核子恐怖等後遺症，人類到現在仍然束手無策。而從哲學的角度來看，所謂現代化中的「現代性」，它所預設的「人為主體」而發展出來的「權力宰制」還在「肆無忌憚」的繼續擴張中，同時它所建構的「表象文化」（一套套相應現實世界的理論體系）早已失去「所指」而淪為「假象文化」，還有它所帶動的「工具理性」所促成的統合機制也在快速的瓦解或分化；這一切都在「後現代」思想家的細究下無所遁形❷，並且讓人意識到「現代性」確是開發到了盡頭而必須另謀出路。試問在這種情境裏佛教要現代化，那究竟是為了什麼？這實在得有相當充足的理由才能令人「釋懷」。

　　基本上，現代化已經不再有什麼前景可以期待。因為隨著科技的加速發展，整個工業社會日益向上昇級，所有的工業產品、製造流程、食品生產、農業耕作、運輸系統、都市結構、軍事裝備、育樂環境、醫療保健，甚至於社會構造、政治系統及經濟模式等等，必然越來越趨向於精密和複雜；但在這種高度複雜化的工業社會裏，人類必須仰賴大量的物資和能源，生活才能維持下去，倘若物資和能源供應不繼時，

　　　開發程度較高的社會相同的水準，而發生的變革過程」（見史美舍(Neil J. Smelser)，《社會學》（陳光中等譯，臺北，桂冠，一九九一年七月），頁六四八引勒那(Daniel Lerner)說）。

❷　有關「現代性」的特徵和「後現代」思想家的意見，參見沈清松，〈從現代到後現代〉，刊於《哲學雜誌》第四期（一九九三年四月），頁四～二四。

就會有嚴重的危機出現❸，而現在人類正面臨了（資源匱乏）
這樣一個岌岌可危的局勢，誰有能耐來加以挽救？這麼一來，
我們就不知道佛教界為何還要加入耗費資源而深重世人危機
感的現代化行列❹？這到底是純受現代社會的「蒙蔽」所呈
現的不得已「歧出」？　還是本身有意的「自我背離」而準備
隨人腳跟踏上「不歸路」？　但願是前者，不然我們立刻就要
少掉一道可以抗拒「墮落」的心靈防線。

　　許多倡議佛教現代化的人，似乎都只看到當前環境的變
化，而主張佛教內部也要有所調整；卻沒有顧及佛教在跟隨
現代社會的步伐後，很可能不再擁有原先那樣（可以理直氣
壯）說服世人的力量。而這是否要反過來以對治現代化為發
展目標，才能凸顯佛教在當代的特殊意義？如果是這樣，那
麼一切有關佛教現代化的言說及作為，就必須放棄或重新考
慮。本章主要就是針對這些問題加以反省和檢討，期望佛教
真正能有效的發揮喚醒人心的作用。

二、今人所倡佛教現代化的方案

---

❸　參見雷夫金(Jeremy Rifkin)，《能趨疲：新世界觀——二十一世紀
　　人類文明的新曙光》（蔡伸章譯，臺北，志文，一九八八年九月），
　　頁一五四～二八三。

❹　尤其在當今有越來越多西方人看好佛教徒的修練冥想（減緩能量
　　的消耗）有助於生命在地球的長久存在之際（參見注❸所引雷夫
　　金書，頁三五五～三五七），佛教界卻要大費周章地實施現代化，
　　豈不是要教那些嚮往這種精神體驗的人「無所適從」？

　　先撇開一些「零碎」的談論而就比較有「統整性」的談論來看，佛教現代化的進路已經在學者的「模塑」下逐漸成形。如楊惠南依據勒那(Daniel Lerner)所說「現代化」必須具備「要有一個自力成長的經濟結構」、「要有一個公眾參與的政治體系」、「要有一個流動的社會形態」、「要具有世俗的和科學的思想觀念」、「要具有能夠適應不斷變遷的人格」等五個條件，而提倡佛教界也要有相應的作為❺。

　　又如藍吉富衡量佛教（特指臺灣佛教）缺乏適應現代社會的能耐，而主張設立強有力的中央級教會來決策全體佛教的發展方向，並且要興辦佛學院和大學來培養高水準的弘法人才。此外，還得籌組一座類似中央研究院的佛教最高研究機構，來從事人才的訓練、佛教教義的探討及佛教發展策略的研究等，以便作為各寺院弘法的南針❻。

　　又如傅偉勳認為傳統佛教（特指大乘佛教）現代化關涉到「傳統戒律的現代化調節」、「大乘倫理的現代化重建」、「新時代佛教語言表達方式的嘗試」、「現代化佛教學術研究工作的推動與發展」、「佛教研究方法論的探討與建構」、「傳統佛教修行法的現代化充實」、「佛教文學、音樂、美術等的現代化創新」、「佛教本位的新時代精神醫學與精神治療法的理論探索」、「傳統佛教教義的現代化再詮釋」及「與世界各大傳統之間的創造性對談以及思想文化交流」等迫切課題❼。

---

❺　見楊惠南，《當代學人談佛教》（臺北，東大，一九九○年十月），頁二三～三一。

❻　見藍吉富，《二十世紀的中日佛教》（臺北，新文豐，一九九一年十月），頁五九～七八。

以上有的是從佛教要在現代化社會中生存就必須自我調整及運用外在資源的立場所設想的一套佛教現代化方案（如藍吉富的主張）；　有的是從佛教的「出世」性格必須轉化為「入世」性格而契合時代精神的立場所擬構的一條佛教現代化道路（如楊惠南的提議❽）；有的是從佛教具有教義多門性和辯證開放性等思想文化傳統而可以永遠地創新和發展的立場所規畫的一幅佛教現代化藍圖（如傅偉勳的見解）。此外，還有人從為使佛教更容易而有效地傳播出去的立場來考慮佛教現代化的問題。如李亦園根據霍佛(E. Hoffer)的《群眾運動》一書所提到本土運動應該具備的幾個要素（㈠具有各種不同性格的領袖；㈡以情感為中心而號召起來的群眾；㈢較不確定但動人心弦的改進目標；㈣被鼓舞起來的熱情），　而聯想到佛教也得倣效這種模式深入社會各個階層，以達到所謂佛教「現代化」的目標❾。

　　綜合說來，學者所設計的佛教現代化的進程（實際上當今許多僧團已有局部的相應的作為），跟中國從近代以來的現代化境況有幾分相似。也就是說，中國現代化的歷程是從器

---

❼　見傅偉勳，《從創造的詮釋學到大乘佛學》（臺北，東大，一九九〇年七月），頁三八五～三八六。

❽　另見楊惠南，《當代佛教思想展望》（臺北，東大，一九九一年九月），頁一～四四。

❾　見注❺所引楊惠南書，頁三九～四一，訪問記錄。按：李亦園認為佛教教義沒有現代化和不現代化的問題（因為教義本身是不變的），　只有在傳播的技術上、教會的組織上有所謂的現代化。這跟其他主張教理和教制雙重革新的論調，顯然有相當大的出入。

用層面開始，再到制度層面，最後到思想層面❿；而學者所倡導的佛教現代化，也要借重現代的傳播技術，以及從事教會組織的重建和傳統教義的革新。所不同的是前者「歷有年代」，而後者想「畢其功於一役」。然而，實施現代化的前提是要把個人生活的需要充分滿足(以相應於全體人類的歷史、相應於全體人類的現實來充分滿足)，如法律、道德、政治、經濟、工業技術、商業，甚至於商業管理等等制度，都是滿足現代社會中個人生活的需要所必須考慮的因素⓫；只是實施的結果卻造成無窮多的弊病（如前所述），到現在還沒有什麼有效的對治辦法。如果佛教也正如學者所期望的那樣現代化起來，後果是否也會很「不堪設想」？這點在學者的心目中，好像還不怎麼成一個問題，但事實上已可預見那將會很不樂觀。

三、 佛教現代化隱藏的難題和危機

關於這一點，我們可以從三方面來考察。首先，學者對於位居佛教現代化核心的佛學研究現代化（教義革新）一項，不但各人所見不同，而且作法也很難有什麼具體成效。像楊惠南所引勒那說現代化的第四個條件「要具有世俗的和科學的思想觀念」真要成立，那勢必得跟佛教非世俗的和非科學

---

❿ 參見殷海光，〈中國現代化的問題〉，收於金耀基等，《中國現代化的歷程》(臺北，時報，一九九〇年十一月)，頁五〇～七〇。

⓫ 參見成中英，《中國哲學的現代化與世界化》(臺北，聯經，一九八九年十月)，頁六。

的成分決裂，這顯然跟藍吉富呼籲成立佛教研究機構來處理教義和時代衝突問題❷的旨意相違背；而以上這些又跟傅偉勳專挑具有創新和發展潛能的大乘佛法來探究的用心難可並論。另外，還有些學者對這單項的看法也頗為分歧，如吳汝鈞認為佛學研究的現代化是相應於客觀的科學精神的一種表現（運用文獻學方法以尋得佛法正理）❸；又如霍韜晦認為佛學研究的現代化是站在現有的文獻學和原典學的基礎上進一步發掘佛教的思想和智慧的源泉而與時代結合（一方面應付時代的挑戰，一方面保持佛家內部的創造力）❹；又如鄭金德認為佛學研究的現代化是要從佛教對於現代人類所追求的切身存在和意義等方面來加以闡述（就是以西方的「存在主義」觀點來看佛教）❺。面對這樣彼此歧異或互不相侔的主張，我們又要如何取捨？即使都承認它們的合法性（尤其

---

❷　另見注❻所引藍吉富書，頁七九～九二。

❸　見吳汝鈞，《佛學研究方法論》（臺北，學生，一九八九年九月），頁四九五～五一一。

❹　見霍韜晦，《絕對與圓融》（臺北，東大，一九八九年十二月），頁三～一三、四二五～四三二。

❺　見鄭金德，《現代佛學原理》（臺北，東大，一九九一年八月），頁二六一～二六二。按：原作者並沒有用「現代化」這個概念，這是本人以意加添。又原作者認為傳統佛教學派的佛學研究和現代學者以西方學術傳統（客觀的科學研究）來研究佛學都不相應，因為這些研究都很難對我們現代人類存在的特殊情境提供一套完整的說服力及令人滿意或創見性的解釋。這跟其他學者的見解有蠻大的差距。

在當今多元化的社會中根本沒有理由作任何強制性的限定），
問題也還沒有得到解決。因為一切的研究（主要是有關佛教
教義的詮釋），都是「權宜性的策略運作」，最終目的在於某
一權力意志的實現而不關研究本身的客觀性或科學性❶。這
樣學者要藉他們所提出的研究方案來達致各自所謂「現代化」
（內涵各不相同）的目標，那不過是一個空中樓閣罷了，大
家又何必為它傷透腦筋？

其次，現代化中的「現代性」所含有的非理性成分，已
經給人類帶來了不少禍患，佛教憑什麼可以一邊實施現代化
而一邊避開隱約可見（即將再引發）的災難？我們回顧歷史，
從十八世紀啟蒙運動興起以來，理性就成為哲人們至上的權
威，理性也成了傳統學術領地上供奉百年的君主。然而，兩
次世界大戰使人類遭受空前的慘禍，驚魂未定的哲人痛感理
性的脆弱，開始懷疑啟蒙和理性的合法性和權威性。如霍克
海默(Max Horkheimer)和阿多諾(Theodor W. Adorno)就合撰
了《啟蒙辯證法》一書對啟蒙運動進行全面的審查和批判。
他們認為「啟蒙總是致力於將人們從恐懼中拯救出來並建立
他們自己的權威，然而經過啟蒙的地球無處不散發著得意洋
洋的災難」。人類追求理性和進步自由，卻步入毀滅的絕境。
而從更深一層來看，理性還含有兩個面相：一個是以人類精
神價值的創造和確立為旨歸，力圖改變人類被奴役狀態而向
理想情境邁進的「人文理性」；一個是使人陷入計算規範，以

❶ 參見周慶華，〈當代佛教義理詮釋的走向及其問題〉，發表於佛光
大學籌備處主辦「佛教現代化學術研討會」（一九九四年十月八
日～十月十日）。並列為本書第五章。

度量釐定世界並馴服自然的「工具理性」。 人文理性和工具理性在早期資產階級啟蒙思想家那裏和諧統一，表現為對自由、理性、社會公正和自然秩序的追求。只是工業文明的迅速發展，打破了二者的和諧統一，而導至一種以科技為主導的「科技理性」， 它完全盪滌了天賦人權和自由理想，而代之以標準化、工具化、操作化和整體化，以精確性為唯一標準對「人文理性」大加撻伐，壟斷了人類生活和社會事務的各個方面，並造成技術統治的冷冰冰的非人化傾向。通過啟蒙，人的靈魂脫離了蒙昧，而卻又可悲地置身於工具理性的專制之中。更可怕的是以自由民主為旗幟的啟蒙，竟然走向反面：將大千世界乃至整個文化知識系統壓縮成數量化的共同尺度，並擯棄或割裂那不易尺度化的人文科學，從而使人類以內在精神的沈淪去換取外在物質利益的豐厚，從對民主進步的追求演變成人們對權威和暴政的溫順服從，以至高度發達的理性技術管理被用來實現最大規模最無人道的非理性目的（如納粹德國在奧斯維辛集中營中，用毒氣殺害了三百萬猶太人）。從此，理性走向自己的反面：非理性❼。這一幕血淋淋的畫面，到現今還斷斷續續在上演著。向來主張「無我」（不要有世俗的執著）的佛教，難道也要設立一個中央級教會和籌組一所研究機構來自我展現權威而形成另一類型的「權力宰制」或留予後人一方可以相互爭奪的「利益場域」❽？這類的後果如果不是大家所樂意見到，那為什麼還

<hr>

❼　參見王岳川，《後現代主義文化研究》（臺北，淑馨，一九九三年二月），頁一四五～一四六引述。

❽　根據學者的說法，倘若能如期的實現所望，那麼佛教就可能重新

要去強調教制的現代化?

再次,在地球這個自成一封閉的有機系統中,由於資源被人類過度的開發和使用,行將逼近「能趨疲」(Entropy)的分水嶺(不可再生能量逐漸趨於飽和),一切想法和作為都得以降低「能趨疲」為最高考量,才能免於快速自我毀滅的危機。現在佛教要實施現代化,必定會一改過去由個別信徒或小型僧團活動的低能量消耗而變為集體信徒或大型僧團活動的高能量消耗,這不但無益於「人間淨土」的營造,還可能成為破壞「人間淨土」的幫兇。如學者所舉出佛教現代化的條件之一「要有一個自力成長的經濟結構」,無非是利用企業家的經營方式,來建立一個能夠出版圖書、雜誌、電影、廣播乃至辦學校、辦醫院、辦銀行等等事業的經濟獨立體系(不再依靠信徒的捐獻)。這一旦實現了,所耗費的資源(連帶提高環境中的「能趨疲」)定是千百倍於沒有實施現代化之前;而從舉世必然要減少資源的消耗(才有利於人類的長久生存)境況來看,顯然它(企業經營)是不會有「前途」的。又如學者所看重的利用現代傳播技術一項,雖然它可以迅速的生產資訊、傳遞資訊而有助於佛教的「發展」,但那也得先耗用大量的不可再生資源(如電腦設備、相關材料、電力及人員投入過程中所需一切); 而這也不符合(能趨疲)新

昂然鶴立於國際宗教舞臺上。然而,他們是否也想到:站在別教立場,只希望該教能昂然鶴立,而不希望佛教凌駕其上,這又怎麼說?同時有了固定教會組織和研究機構,不免又要製造一些「可欲」的場域,吸引著眾人爭相前來「攀附」和「求榮」, 那又該如何善後?

宇宙觀的能量需求，終究不是「久遠之計」。 再說充分運用現代傳播技術的結果，（佛教）資訊必定大量增加，而這些資訊又往往轉變成能量的鉅量耗用，隨之而來的就是混亂的昇高，愈趨集中化和專能化，以及伴隨著「能趨疲」加速化而來的其他一切特徵⓲。既然這樣，佛教現代化豈不是自尋短路而教人無從對它有什麼「殊勝」的期待？因此，學者所指出的佛教現代化道路，無疑的要改變方向了。

四、對治現代化才是正途

佛教所以為佛教，就在它有一個「緣起宇宙觀」。 這種宇宙觀從宇宙萬物「有其成住壞滅」的立場出發，而判定宇宙萬物為「眾緣和合」所成（眾緣不和合就消失）⓴，所以宇宙萬物就「無自性」（無自性就是空）。這用來解釋經驗世界是有效的㉑。而人只要不執著於宇宙萬物，就能擺脫痛苦

⓲　關於資訊增加會轉變成能量的鉅量耗用問題，參見注❸所引雷夫金書，頁二六一。

⓴　當然，佛教的緣起觀頗為複雜（計有業感緣起、賴耶緣起、真如緣起、法界緣起、六大緣起等多套講法）， 並不如本章這裏所說的這麼簡單，但就「共法」來說，緣起觀可以概括一切。有關緣起觀部分，參見于凌波，《簡明佛學概論》（臺北，東大，一九九三年八月），頁三二九～三五九；蔣維喬，《佛學概論》（高雄，佛光，一九九三年八月），頁三〇～三九；方立天，《佛教哲學》（臺北，洪葉，一九九四年七月），頁一八五～二五五。

㉑　參見周慶華，《文學圖繪》（臺北，東大，一九九六年三月),頁一

煩惱，而達到最高的涅槃寂靜境界。我們從人生畢竟要有所
解脫的角度來看，佛教的緣起宇宙觀確實具有相當強的說服
力。尤其在今日人類仍然沈溺於戡天役物的迷夢中而卻又活
得不安心的時刻，佛教的緣起宇宙觀不啻是極佳的「渡筏」。
因此，以佛教來對治現代化，應該是它最有利的走向，也是
它在當代社會中可以獨顯價值的一面。而為了彰明這層意義，
不妨就把直接促成現代科技文明的「機械宇宙觀」取來對照。

大體上，機械宇宙觀在十八世紀就出現了。它以適當、
速度和精確為最高價值。其間經培根 (F. Bacon)、笛卡兒 (R.
Descartes)、牛頓(I. Newton)等人的大力推闡，如今已席捲了
全世界的人心。機器儼然佔有了人類生活的全部，而人類的
宇宙觀念也因為機器而結合為一。大家把宇宙看成是永世法
則，由一位至高無上的技師（神）所推動的一部龐大無比的
機器。由於這部機器設計得極為精巧，以至它可以絲毫不差
地「運作自如」；而它運動的精確度，可小到Ｎ度來核計。人
類對自己在宇宙裏所看到的精確性深感神迷，進而冀圖在地
球上模仿它的風采。因此，歷史就是工程上的一種不斷地實
習。地球就像一個龐大的「硬體庫」，它由各色各類的零件所
構成，而人類必須將這些零件裝配成一種功能性的系統，並
且有永遠做不完的工作。這樣歷史已被視為由混亂而困惑的
狀態，邁向井然有序且全然可測的狀態的一種進步旅程；而
中世紀追求後世救贖的目標，也成了過時之物。現今取而代
之的是追求今世完美的新理念。在這種機械宇宙觀的啟示下，
人類也紛紛展開探索這些普遍法則和社會運作之間關係的工

────────────────

七九～一八二。

作。如洛克(J. Locke)試圖將政府和社會的運作配合於世界機械模型；史密斯(A. Smith) 試圖在經濟領域裏進行類似的工作；而斯賓塞(H. Spencer) 及所謂社會達爾文主義者(Social Darwinists) 更試圖把自然淘汰的概念轉變成適者生存的概念，來強化機械宇宙觀（自利將促進物質福分的增加）， 從而促成更高的秩序。而事實上，機械時代的特質可以後者這種進步概念來概括（達爾文的理論變成機械宇宙觀基本假設的一種徹底反芻）。 將它化約為最簡單的抽象物，進步可視為是人類控制了較無秩序的自然世界，用以創造出一個較為秩序化的物質環境。或者換另一種方式來說，進步就是從自然世界裏創造出較其原始狀態時的更大價值。根據這一點，科學等於人們學習了自然方式並將它化約為前後一貫的原理或規則的一種方法學，而技術便是將這些原理或規則應用出來（目的是為求將自然過程的一部分，轉變成較其原始狀態具有更高價值、結構和秩序的可行形式）❷❷。這種宇宙觀用來解釋經驗世界雖然也是有效的(沒有人能提出有力的否證；而它跟佛教的緣起觀可以併列為對經驗世界的可能性說明)， 但它已經開始喪失原先的活力了。因為滋養這種宇宙觀的資源環境本身正在瀕臨枯竭和死亡，不得不仰賴別的宇宙觀來補救。而在所有既存而可採用的宇宙觀中（包括源生於中國本土而略近於緣起宇宙觀的氣化宇宙觀和西方新神學家的宇宙觀❷❸），佛教的緣起宇宙觀可說最容易見效（因為它

❷❷　參見注❸所引雷夫金書，頁四九～六五。

❷❸　後者一改往昔為迎合上帝旨意而要致力於「支配萬物」的信念（傳統基督教這種對待自然的方式，也是助長生態破壞的一個重要因

最不耗費資源），理當優先以它來對勘或代替，才可望能作比較長遠而平穩的人生規畫。

佛教的緣起宇宙觀具體實踐後，不但能和緩資源環境的利用而有益於人類社會的長治久安，還可以進一步化解現代化社會中因表象文化充斥所引發的一些弊端。我們知道所謂表象(representation)，指的是「再現」的意思。在近代世界形成的時候，人們發現自己是主體，而外在世界是客體，主體和客體之間無法溝通，所以主體只好透過種種表象的建構，來認知或是控制客觀的世界。也就是透過主體觀察的「印象」，對它形成「概念」甚至「理論」（這些都是「表象」，都是一種「再現」），而藉此就可以認識這個世界，並且還可以控制它。因此，說穿了，整個「現代世界」所追求的東西，不過是一種表象的文化。而這種表象的文化具體顯現在科學理論的建立（如牛頓物理學的三大定律：質量不滅定律、慣性定律、反作用定律）、政治結構的調整（如以「代議士」制度來主導整個社會的事件和權利的運作）及藝術型態的轉變（如「為藝術而藝術」而不再「為人生而藝術」，並且設立博物館來收藏藝術品）等等。但在從事整體表象文化的追逐中，那主體「我」永遠是價值的根源和權利的象徵，一定會現出「工具理性」和「權力宰制」的雙面性（即使後者有代議制度可以避免單向政治權力的過度行使，但它卻無法阻止各人因此得以遂行「權力宰制」的意志泛濫開來），而導至本章

─────────

素；同時過度強調「天國」，往往會導至人們對今世物質世界的罔顧或無度的榨取）為代上帝「保存或管理萬物」（同上，頁三五七～三六二）。

第三節所提及的那些「惡果」。這一切都可以藉由佛教的緣起觀來加以矯治或改向，從而締造自然和人性、個人和社會以及個人和個人之間相互依存而和諧融通的美好境界。

五、對治現代化的附帶條件

由此可見，以佛教思想來對治現代化是必要而有效的，同時它也可以聯合當今一些新興的思想（如「能趨疲宇宙觀」、「批判理論」、「解構主義」）「共謀」未來的發展。然而，這只是可期待的「理想」，未必就能實現。換句話說，如果大家沒有意願接受這套思想或接受這套思想而不能持續具現在現實生活中，那麼一切都將是蜃影幻夢。因此，在本章最後不免要對佛教界和世人有些期盼：

首先，佛教界長期以來「開示」給信徒的某些方便法門，如口頭誦修（外加捻數念珠、誦經、禮拜佛像、放生、祈求長壽和永生等）、授戒出家、靜坐禪修和神祕修持等等❷，固然能為信徒指引一條精神出路而有安定人心的作用，但這樣做卻無法保證信徒不在其他時刻耗費資源或避免參與耗費資源的活動（或工作），終究沒有把佛教的功能發揮到極至。這是相當可惜而必須力謀改進的。

其次，佛教界內部現有的資源（包含人力資源、物力資

---

❷　有人認為這些方便法門，不是流於純粹形式而不再有精神價值，就是只能給人些微心理慰藉而缺乏建設性的宗教力量。見陳榮捷，《現代中國的宗教趨勢》（廖世德譯，臺北，文殊，一九八七年十一月），頁八三～九八。

源和財力資源）應該加以整合而作更妥適的運用，不宜再讓以往越南留學僧德念曾經批判過的那些事繼續存在：「中國的出家人似乎未曾出『家』； 出家人既已辭親割愛，卻又老把寺廟當做一個家庭，收幾個徒弟，把他們當兒子般地看待，無法分出絲毫愛心去照顧別人的徒弟，這在心態上和在家又有什麼區別！所以我奉勸中國的長老大德們，應該在其有生之年，領導這一代的青年華僧打破自私自利的門戶之見，彼此溝通、團結，以其既有的影響力，為佛教慧命著想。譬如就興辦佛學院來說，臺灣的佛學院雖像雨後春筍一樣的蓬勃，卻各自為政，各辦各的，其中沒有上軌道的制度，更談不出什麼獨特的成果。這些佛學院，老師與學生的素質都有待加強，這樣的佛學院不能發生什麼作用！我衷心地祈請諸山長老們合作起來，捐除己見，興辦一兩個像樣的佛學院，聘請專家學者執教。」❷事實上，各僧團「取」自社會的資源，也常有重疊浪費的情況，而釀至佛教可以用來對治現代化的「本錢」越來越少（它也在不斷耗用不可再生能量）。 這是很令人擔心而必須速予補救的。

再次，為了比較有效減少資源的浪費，有關佛學的研究和弘法人才的培養，可由學術界和學校教育來擔負，而佛教界本身就專門致力於持修情境或場所的營造和維護，彼此相輔相成，遠比各自「發展」要來得有遠景。但在作這樣的「分工」前，應當設法將佛教納入正規教育的教學內容（其他宗教也當享有同等「待遇」），讓它真正有機會普遍深入人心而成為改變人們生活方式的一個重要參據。這就得運用各種管

---

❷　見注❺所引楊惠南書，頁一二〇，訪問記錄。

道（初期由佛教界和關心佛教前途的人士發動），喚起學界、企業界、政治界來協同行動，不合再由佛教界「獨撐大局」仍難見成效。這是最要緊事而必須戮力以赴的。

此外，還得盡出餘力聯繫世界各地的佛教團體，在各國內部倡導或推行上述的工作，才能確保人類免於自己大意所種下的危機及苦難的恐懼和威脅。說實在的，整個地球已經「千瘡百孔」，而人心也已經「漫無所歸」，能彌補和挽回一點就算一點。而這在本人仔細評估後確定可以有所期待於佛教的，大家何妨「放手一搏」（今起身體力行及廣為傳揚）。至於在推行佛教終極信念的過程中，是否需要「輔助設備」或「造勢活動」，那只要謹守「逆現代化」而行的信條，想必都不成問題。

第二章　風險與禍害遞減率

——觀音思想給予現代管理的啟示

一、世紀末宗教熱的省思

本世紀末有一個從啟蒙運動以來所罕見的現象，就是宗教的復甦。過去一、二百年，由於科學理性當道，宗教不是遭到貶抑而難以生存，便是退居幕後而另謀出路；現在不但原先的宗教重新在一些先進國家掀起熱潮，還有為數眾多的新興宗教也在世界各地蓬勃發展❶。所以會出現這種現象，有人推測它跟西元二〇〇〇年即將到來和科技再也不是一劑萬靈丹有關：前者是緣於《舊約聖經》的〈但以理書〉和《新約》中的〈啟示錄〉都曾提到帶來至福的千禧年，造成人們的期待心理的再現；後者是緣於科學理性的極限日益明顯和科技的負面作用邊趨劇烈，迫使人們轉向尋求精神寄託❷。

---

❶　參見托佛勒(Alvin Toffler)，《大未來》（吳迎春譯，臺北，時報，一九九一年十一月），頁四四九～四五二；亨利(Paget Henry)，〈本土宗教與邊陲社會的轉型〉，收於林本炫編譯，《宗教與社會變遷》（臺北，巨流，一九九三年十一月），頁六五～九六。

不論怎樣，作為一個可以提供「人生意義」的宗教❸，又在世人眼前大展它的「魅力」，確是不可否認的事實。

在這番宗教熱中，有一件事相當引人注視。它起於基督教新神學的興起，而終於「新能趨疲時代的宗教」的建立，其中東方宗教（尤其是佛教）扮演了一個「啟導」的重要的角色。原來基督教的傳統教示，塵世的歷史是有其確切的起始和結束的，真正有價值的東西，僅存於上帝所在的天國。這種強調「他世」（指超脫人間現世而進入天國極樂境地）的說法，往往導至人們對今世物質世界的罔顧或甚至無度的榨取，而助長生態的破壞和物質的消耗。基督教學說的其他缺點，就是有關「支配萬物」的概念，它一直被人們利用來作為殘酷地操縱及榨取自然的理據。然而，當今基督教學說的「再型構」已開始要成形了；基督教學者紛紛在重新界定「支配萬物」的意義，他們主張任何剝削或殘害上帝創物之舉都是有罪的，而且也是叛逆上帝意旨的一種褻瀆行動，同樣的，任何破壞上帝所賦予自然世界的固定意旨和秩序，也

❷ 參見奈思比(John Naisbitt)、奧伯汀(Patricia Aburdene)，《二○○○年大趨勢》（尹萍譯，臺北，天下文化，一九九二年四月），頁二七八～二八一；安東尼(Dick Anthony)等，〈關於當今「新興宗教」的理論與研究〉，收於注❶所引林本炫編譯書，頁一一～四一。

❸ 宗教最基本的功能，就是提供人們一套有系統的宇宙概念，為人和四周環境建立起相互的關係，以及啟示人生一個努力的目標。參見宋光宇編譯，《人類學導論》（臺北，桂冠，一九九○年二月），頁三九八～四○一；史美舍(Neil J. Smelser)，《社會學》（陳光中等譯，臺北，桂冠，一九九一年七月），頁四八四～四八五。

是一種罪行和叛逆。因此，許多新宗教學者指出，所謂「支配萬物」並不意味著人類有權剝削大自然，它的真意乃是指管理大自然。有人認為當這種新的管理教義及熱力學定律跟更為正統的神學結合之後，它便能為一種新的、再型構的基督教義和誓約奠定了健全的基礎，使其配合於能趨疲世界觀的「生態急務」，而這老早就在講究修練冥想、瑜伽術及其他心身冶鍊的東方宗教中獲得了實踐（把消耗能量降到最低限度），無形中增強了我們尋求一種新的宗教融合以順應正行邁入的新時代的信心❹。

不知上述的新神學觀是否也被西方人引入有關的管理中❺，但從它的旨趣來看，如果用於管理上，勢必會影響今後的管理策略（符應能趨疲法則）。而這種儘量降低能量消耗的作法，佛教早已開啟，還有一些相關的觀念（如去執、除欲、慈悲等）在當今也成了世人普遍認可的解除生命悲劇和診療社會病理的良方❻。因此，現在談管理能連上佛教一

---

❹ 參見雷夫金(Jeremy Rifkin)，《能趨疲：新世界觀——二十一世紀人類文明的新曙光》（蔡伸章譯，臺北，志文，一九八八年九月），頁三五五～三六一。

❺ 當代西方的企業管理，已經凜於生態環境破壞所帶來的危機，而積極於未雨綢繆，試圖建構一套「生態經濟學」，以便適應未來的變化（參見梅納德(Herman Bryant Maynard, Jr.)、瑪特恩斯(Susan E. Mehrtens)，《第四波——二十一世紀企業大趨勢》（蔡伸章譯，臺北，牛頓，一九九四年九月），頁一三八～一五一）。這未必是受到新神學的啟發（而是長久以來生存困難的經驗所致）。

併考量，結果想必大有可觀。而菩薩道是一般人修行佛道的前階❼，以它來經營管理、規畫人生，應當更加切實而容易致效。這是本章的一個基本的前提。但為了能方便對照或對治現代管理所出現或所隱含的弊病，本章還要進一步從眾多菩薩思想中選擇觀音菩薩思想作為切入點，以便為現代管理提供一點諍言。

二、現代管理的危機與後遺症

一般所說的「管理」，有廣狹二義：廣義是指指導人們完成意願、達成目的的行動，如個人設定目標及解決達成目標等各種程序，都涉及管理的範圍❽；狹義是指企業管理或工商管理，它旨在對人、地、事、物、財、時等作有效的支配❾。本章所論由於牽涉人際及事物等範疇，以至所用管理一詞自

---

❻ 參見鄭金德，《現代佛學原理》（臺北，東大，一九九一年八月），頁一九五～二三九。

❼ 菩薩，是佛陀候補者的名稱，是從求菩提（般若智）的人而得其名的。而菩薩所以為菩薩，全在於為他致己而行萬善。這相較於菩提所代表的一切智，畢竟只是局部智（或說達於一切智的準備）；而它也正是薄地凡夫先要修學的對象。參見太虛大師等著，《菩薩行》（臺北，世界佛教，一九九四年八月），頁六～三六。

❽ 參見王國書，《現代管理學概論》（臺北，黎明，一九七四年三月），頁二。

❾ 參見林安弘，《行為管理論》（臺北，三民，一九九一年十一月），頁三六。

然偏在狹義部分；不過，後面的論點如果可信的話，理當也適用於廣義的管理。至於在管理前又加上「現代」一個限制詞，究竟是指什麼，這就得稍作辨別和說明。

　　倘若從管理演進的過程來看，不論學者把它「細分」為「傳統管理」（一九〇〇年以前）、「科學管理」（一九〇三年～一九三〇年）、「組織管理」（一九三〇年～一九四〇年）、「目標管理」（一九四〇年～一九五〇年）、「管理科學」（一九四〇年～一九六五年）和「現代管理」（一九六五年以後）❿，或概略分為「文化管理」（特點是講求倫理性和整體性，以中國古代諸子百家的「治國治人之道」為代表）、「科學管理」（特點是講求理性和分析性，以二十世紀以來的現代西方科學管理模式為代表）和「哲學管理」（特點是要綜合文化管理和科學管理的長處，把倫理和管理、文化和科學、感性和理性、整體和分析通通結合起來，這是論者所要談的「C理論」的管理模式）⓫，這時所謂「現代管理」中的「現代」，主要就是一個時間概念（而「現代管理」就是統稱目前存在的管理）。但倘若不從管理演進的過程而從相對的立場來看，「現代」一詞可能就帶有相當濃厚的價值意味，這時它是「現代化」的簡稱，而「現代管理」就是專指有別於傳統管理的科學管理；只是它已逐漸要落伍了，一個嶄新的「後現代管理」或「超現代管理」或「管理的後科學」（也就是「哲學管理」）即將取代它的地位⓬。無疑的，這在本章中要

---

❿　同上，頁四四～四七。

⓫　見成中英，《C理論——易經管理哲學》（臺北，東大，一九九五年七月），頁四～五。

有所限定才能論述下去。因為本章目的是要藉由觀音思想提供一些有益於管理的諍言，所希望作用的場域自不在過去，而在當下或未來，這樣本章所指的「現代管理」就是目前存在的管理的統稱（包括論者所提出的「哲學管理」）。這也許有些含混，但基於論旨重在「對諍」而不在「導論」，所以只能暫時這樣處理。

通觀現代管理，所觸及的知識領域，不外有下列四個層次：第一是管理哲學，它是源於對「人性」的不同看法，因而產生各種的管理理論和管理型態；第二是管理過程和決策過程，前者有所謂三分法（計畫、執行、考核）、四分法（計畫、組織、推行、管制）、五分法（計畫、組織、用人、指導、控制）、六分法（計畫、組織、任用、指導、協調、控制）、七分法（計畫、組織、用人、指導、配合、報告、預算或結構、制度、策略、技術、風格、人員、最高目標）等等，後者也有所謂五分法（發現問題、確定問題的因素、可能解決問題的途徑、評價每一途徑、主觀的判斷和決定）、六分法（認定問題、發展可行方案、評估這些方案、選擇可行方案、施行決策、評估及控制）等等；第三是企業的作業管理，可分生產管理、銷售管理、財務管理和人事管理等等；第四是管理的各種技術，這是由管理的機能中發展出來的，如作業研究是一種決策的技術、計畫評核術是計畫和控制時間的一種技術、工作分析和簡化是動作研究的一種技術（而動作研究也是生產管理的一種技術）[13]。這當中又以管理哲

---

[12] 同上，頁五～七。

[13] 參見注[9]所引林安弘書，頁五二一～五二二；注[11]所引成中英書，

學這一層次最具關鍵，可以說是其他三個層次的「最高指導方針」。因此，這一層次也成了本章所能考量（或方便考量）的對象。

不管那一種管理類型，都免不了要講究效率，以及講究應變的能力❶。前者是為了提高競爭能力，後者是為了確保本身的生存，合而構成最先行或最優先的理念。就以現代較為知名的「系統管理」和「權變管理」為例，系統管理運用了系統的理論去管理組織的所有環境系統、競爭系統和內在系統，由於它提供了所謂「輸入──轉換──輸出」的一般化模式，從而確保了物質、能源和情報的流通及均衡，這時它不僅致力於目標的有效達成，並且還強調於綜合性的整體設計（具備「目標取向」、「整體系統取向」、「權責取向」及「員工取向」等四種特質）❶，可以充分應付環境的變遷；權變管理依據底下五個觀念而產生所謂「超目標管理」及「現代管理」：

㈠每個人都有許多需求和不同的能力，人不但是複雜的，而且變動性很大。

㈡一個人透過組織生活，可以學得新的需求。

㈢人在不同的組織或同一組織中的不同部門，其動機可

頁四七～四八；榮泰生，《管理學》（臺北，五南，一九九四年十一月），頁四三九～四四〇。

❶ 參見郭崑謨，《管理中國化導論──「管理外管理」導向》（臺北，華泰，一九九〇年一月），頁四八～五一。

❶ 參見彭文賢，《系統研究法的組織理論之分析》（臺北，聯經，一九九〇年十月），頁八六～八七。

能不同，獲得社會性及自我實現的需求之滿足也不同。

㈣一個人是否肯獻身於組織，決定於他本身的動機構造及跟組織之間的交互關係、工作的性質、執行工作的能力和同事之間的相處狀況。

㈤人可以依自己的需求、能力，而對不同的管理方式做不同的反應，所以沒有一套能適合於任何時代、任何人的萬能管理方法❶ 。

這在提高效率和適應環境變遷上，自然也不會有什麼大困難。

雖然如此，現代管理為了使企業永續生存和發展，絕對少不了要耗用物質和能源，而問題也就出在這裏。我們知道人類歷史最近的數百年來，可說是物質科技文明快速進展的時代。從文藝復興，工業革命，一直到當代所謂「後工業社會」的「超級工業」甚至已經開始的「第三波」或其他未來學書中所描述的「資訊控制」或「模控社會」，無不讓人感到物質科技文明的日新月異和驚人成果。而整個時代的進展，可說是環繞著牛頓機械論而形成的一種剛性的科學決定論世界。這種機械論及決定論的世界觀不但操縱著科技，同時也支配著政治、經濟、社會、文化等各方面。它雖然為西方及大半世界帶來科技上的突飛猛進，經濟的單方向的空前發達，給大半人類帶來從未享有過的福利，但也帶來或伏下許多人類過去從未經驗過的災難和危機。更有甚者，急性的核子恐怖、慢性的生態危機，正在讓全體人類面臨絕滅的邊緣❶ 。

---

❶　參見注❾所引林安弘書，頁四九；注❸所引榮泰生書，頁一三～一四。

所以會造成這種後果，除了整個工業社會是由機械論和決定論所建構的，還有就是支持整個工業社會的信念另本於質能不滅、過程可逆及物質和能源取用不盡等三種基本假設上。這明顯存有兩大弊端：

第一，它漠視了能趨疲法則的警世意義——現代科技固然可以開發出鉅大的能量，但卻消耗了鉅量的能源（不可逆）；科技文明固然造就了空前的富裕生活，但也相對造成了空前的高能趨疲社會。

第二，機械論所探討的是一個無機物的世界，但人類廁身其間的卻是有生命的世界。

這種物理和生物的矛盾，一方面造成人和自然的對立，另一方面則導至物質文明本身的嚴重危機——現代質能基礎的衰微和生態的破壞。有人已經憂心忡忡的在為大家勾繪這幅難堪的前景：隨著科技引擎的加速化前進，我們的工業社會益形往上升級，而相對的我們的工業產品、製造流程、食品生產、農業耕作、運輸系統、都市結構、軍事複體、育樂環境、醫療保健，乃至於我們的社會構造、政治系統、經濟模式……等等也益趨於精密和複雜，在這種高度複雜化的工業社會環境裏，人類生活必須仰賴輸入大量的物質和能源，才得以維持下去；一旦社會的質能基礎發生動搖、質能的供應後勁不繼時，整個社會生活便會出現混亂、甚至癱瘓❶。

---

❶　參見任覺民，〈人類文明思想的新方向〉，收於注❹所引雷夫金書，附錄二，頁四二二。

❶　詳見注❹所引雷夫金書，頁一八八～二八三。並參見譯序，頁二三～二四。

一向講究效率、應變能力的現代管理，正是主宰或帶領了整個社會對物質和能源的鉅量耗用，如今整個社會面臨這種危機狀況，豈不等同於現代管理所要應付的？

且看論者對未來企業的預測：「未來的企業，尤其是大企業，必然是資訊導向的企業。從人口統計資料來看，體力及文書人員將被知識勞動者（動腦的人）所取代，而知識勞動者不再接受一百年前企業模仿軍隊時的指揮控制組織型態。從社會資源運用的角度來看，社會將會要求大型企業承擔更多的創新與創業的功能，而資訊技術的發展，更導引著企業走向資訊導向組織的新時代」⓳、「歐美人都相信即使是所謂的國內市場，企業也應當體認：企業發展的前途可能要依賴沙烏地阿拉伯首都利亞德的一項決策，也可能依賴（不能妄自菲薄）臺北的某一項決策。那麼所謂以國際市場為經營對象的企業更不用說了。因此，所有企業所雇請的經濟專家都必須有一個正確的世界觀，進而去分析所有非經濟的變數。譬如所謂的尖端工業，除了科技方面的問題之外，我們也應當根據其他國家的尖端工業去建立一個長遠的發展策略；又譬如所謂的上游工業，生產的都是次一級工業的『原料』， 不只是要把世界的競爭者列入考慮，也要把國際的顧客列入考慮才可以制訂一個長期發展策略」⓴， 這不能說有違「時情」或悖逆「潮流」， 但照這樣走下去，依舊要輸入不可計數的物質和能源（持續消耗且不可逆）， 不過是將目

⓳　見注⓭所引榮泰生書，頁一五～一六。

⓴　見賴金男，《未來學續論》（臺北，淡江大學，一九八九年五月），頁一二〇～一二一。

前的危機深化而已。試問現代管理能放棄對物質和能源的耗
用而還可以使企業保持競爭的優勢嗎？答案顯然是辦不到。
那麼論者所預測的未來企業，就含有高度風險（無從確保質
能的來源），以及將繼續產生後遺症（製造高能趨疲的生活環
境）。可見只從企業本身的利益來考量，現代管理勢必走不出
一條新路，而人類的前途連帶也要蒙上黯淡的色彩。到底有
什麼良策可以改善這種情況？在這裏個人想到了觀音思想。

三、觀音思想可以救勝

　　觀音，是觀世音菩薩（梵語 Avalokitêsvara）的簡稱，又
有觀自在、觀世自在、光世音等名。在佛經中，以觀自在和
觀世音（觀音）較為常見。所以稱為觀自在，主要是在彰顯
他的內在覺性，《般若波羅蜜多心經》說：「觀自在菩薩，行
深般若波羅蜜多時，照見五蘊皆空，度一切苦厄。」[21] 而所以
稱為觀世音，則在示現他以大悲救度的德行，《妙法蓮華經》
第二十五品〈觀世音菩薩普門品〉說：「若有無量百千萬億眾
生受諸苦惱，聞是觀世音菩薩，一心稱名，觀世音菩薩即時
觀其音聲，皆得解脫。」[22]

　　觀世音菩薩早已成正覺，佛號「正法明如來」。在他成
佛時，釋迦牟尼佛反過來屈居他座下作苦行弟子（以示佛法
的平等相），《千光眼觀自在菩薩祕密法經》說：「我念往昔

---

[21]　《大正新脩大藏經》（以下簡稱《大正藏》）（臺北，佛陀教育基
　　　金會，一九九〇年三月）卷八，頁八四八下。

[22]　《大正藏》卷九，頁五六下。

時，觀自在菩薩於我前成佛，號曰正法明，十號具足。我於
彼時，為彼佛下，作苦行弟子，蒙其教化，今得成佛。十方
如來皆由觀自在菩薩教化力故，於妙國土得無上道，轉妙法
輪。是故汝等勿生疑惑，常應供養。」❷但他為了濟度十方眾
佛國（尤其是娑婆世界的釋迦牟尼佛國的苦難眾生），　不得
不權為倒駕慈航，現菩薩相，以便度脫眾生，《千手千眼觀
世音菩薩廣大圓滿無礙大悲心陀羅尼經》說：「觀世音菩薩，
不可思議威神之力。已於過去無量劫中，已作佛竟，號正法
明如來。大悲願力，為欲發起一切菩薩，安樂成熟諸眾生故，
現作菩薩。」❷從此觀世音菩薩成為釋迦牟尼佛脇侍，輔佐釋
迦牟尼佛教化眾生❷。

　　根據《妙法蓮華經》第二十五品〈觀世音菩薩普門品〉
所載，凡是一心稱念「觀世音菩薩」名號的人，就能得到觀
世音菩薩的救七難（火難、水難、黑風難、刀杖難、羅剎難、
枷械難、怨賊難）、離三毒（貪毒、瞋毒、痴毒）、成二願(得
男、得女)；還有供養、禮拜、稱念觀世音菩薩，也能獲得無
量的福報❷。此外，還提及觀世音菩薩能現三十二身說法：

---

❷　《大正藏》卷二〇，頁一二一上。

❷　《大正藏》卷二〇，頁一一〇上。

❷　《悲華經》記載，將來釋迦牟尼佛涅槃之後，觀世音菩薩將補佛
　　處，名為「一切光明功德山如來」。所在淨土名為「眾寶」，比起
　　現在釋迦牟尼佛的極樂世界更為莊嚴微妙（《大正藏》卷三，頁一
　　八六）。

❷　《大正藏》卷九，頁五六下～五七上。

若有國土眾生，應以佛身得度者，觀世音菩薩即現佛身
而為說法；應以辟支佛身得度者，即現辟支佛身而為說
法；應以聲聞身得度者，即現聲聞身而為說法；應以梵
王身得度者，即現梵王身而為說法；應以帝釋身得度者，
即現帝釋身而為說法；應以自在天身得度者，即現自在
天身而為說法；應以大自在天身得度者，即現大自在天
身而為說法；應以天大將軍身得度者，即現天大將軍身
而為說法；應以毘沙門身得度者，即現毘沙門身而為說
法；應以小王身得度者，即現小王身而為說法；應以長
者身得度者，即現長者身而為說法；應以居士身得度者，
即現居士身而為說法；應以宰官身得度者，即現宰官身
而為說法；應以婆羅門身得度者，即現婆羅門身而為說
法；應以比丘、比丘尼、優婆塞、優婆夷身得度者，即
現比丘、比丘尼、優婆塞、優婆夷身而為說法；應以長
者、居士、宰官、婆羅門、婦女身得度者，即現婦女身
而為說法；應以童男、童女身得度者，即現童男、童女
身而為說法；應以天、龍、夜叉、乾闥婆、阿修羅、迦
樓羅、緊那羅、摩睺羅伽、人非人等身得度者，即皆現
之而為說法；應以執金剛身得度者，即現執金剛身而為
說法❷。

可見觀世音菩薩特能集自在神力和悲願救度於一身。所成就
的功德，也早已深入人心，由感念、仰慕到奉侍、禮敬，信
徒遍及半個亞洲❷，俗話所謂「家家彌陀佛，戶戶觀世音」

❷　《大正藏》卷九，頁五七上、中。

並不誇張。

然而，一般人所以信仰觀世音菩薩，往往只是期望獲得救度而忽略法門的究極義。依照《法華義記》第二十四品〈觀世音品〉所載，觀世音能觀世間音聲、觀眾生身業和觀眾生意業等（其中娑婆世界以音聲為佛事，所以只稱觀世音）❷，最終還在於啟示眾生：人人都有內在覺性，觀世音菩薩不是來觀你的音，而是讓每一個人觀自己的音；如果自己能察覺到內在覺性時，自己就是觀世音菩薩❸。這也就是《六祖法寶壇經》第三品〈疑問品〉所說的「自性迷即是眾生，自性覺即是佛，慈悲即是觀音」❹的意思所在。換句話說，觀世音菩薩的用心，正在於要人人都能像他一樣「觀自在」。而所謂觀自在，總說為行般若智，分說則有《般若波羅蜜多心

---

❷ 觀世音信仰從印度、西域開始，擴及中國（指古漢人所在地）、西藏、南海、日本等（參見聖印法師，《普門戶戶有觀音——觀音救世法門》（臺北，圓明，一九九三年一月），頁二三～一一七；洪啟嵩，《佛菩薩修行法門（中）》（臺北，時報，一九九三年九月），頁一四〇～一四五）。而在奉侍方面，以臺灣為例，供奉觀世音為主神的寺廟就有五百五十多所（參見飛雲居士，《細說臺灣民間信仰》（臺北，益群，一九九三年四月），頁五四）。美國歷史學者亞當斯（Henry Adams），曾稱觀世音為「全人類的慈悲保護者」（見鄭僧一，《觀音——半個亞洲的信仰》（鄭振煌譯，臺北，慧炬，一九九三年十一月），序，頁七引）。可見觀世音菩薩受人景仰之一斑。

❷ 《大正藏》卷三三，頁六七八上。

❸ 參見注❷所引洪啟嵩書，頁一五七。

❹ 《大正藏》卷四八，頁三五二中。

經幽贊》卷上所說的十自在：

> 觀者，照義，了空有慧。自在者，縱任義，所得勝果。
> 昔行六度，今得果圓，慧觀為先，成十自在：一、壽自
> 在，能延促命；二、心自在，生死無染；三、財自在，
> 能隨樂現，由施所得；四、業自在，唯作善事，及勸他
> 為；五、生自在，隨欲能往，由戒所得；六、勝解自在，
> 能隨欲變，由忍所得；七、願自在，隨觀所樂成，由精
> 進所得；八、神力自在，起最勝通，由定所得；九、智
> 自在，隨言音慧；十、法自在，於契經等，由慧所得。
> 位階補處，道成等覺，無幽不燭，名觀自在❸❷。

因此，俗稱「救苦救難觀世音菩薩」中的「救苦救難」，意
思其實是示人以觀世音法身如此，進而傚效他，並不是純粹
等待救度。從這個角度出發，來看現代管理，應當有一些對
策可以提供參考。

　　這先要說明一點，現代管理在相當程度上還是為了創造
財富或累積財富，但就佛教來說，一切俗世財富都是空（無
自性）的，不值得追求；即使要追求，也要追求「信財」、「精
進財」、「聞思財」、「慚財」、「戒財」、「捨財」和「定慧財」
等七聖財❸❸。而觀世音菩薩也是行般若智（觀空），才得以大
自在。兩者對比，顯然有所衝突。在這種情況下，如果硬要
以觀音思想來制約或格量現代管理（迫其放棄追求財富），必

---

❸❷　《大正藏》卷三三，頁五二四中、下。

❸❸　參見注❷❽所引聖印法師書，頁一四三～一四四。

定不能令人信服；而所要提出的諍言，可能也會得到反效果。因此，這裏不可能也不必要取觀音思想來反對現代管理或以觀音思想作為反對現代管理的前提。像《千手千眼觀世音菩薩廣大圓滿無礙大悲心陀羅尼經》所載觀世音菩薩回答梵天所問陀羅尼的特徵一段話：

> 大慈悲心是，平等心是，無為心是，無染著心是，空觀心是，恭敬心是，卑下心是，無雜亂心無見取心是，無上菩提心是❸❹。

這就不可能據為反對現代管理（但不妨相互對諍），否則現代管理中的層級組織、進取觀念和管制策略等等，都將全面「崩潰」（沒有存在的必要性）。到了這個地步，則只見觀音思想而不見現代管理，本論題自然就是多餘的了。

那麼在不反對現代管理的前提下，觀音思想究竟能提供什麼對策給現代管理（以便應付所面臨的危機）？這可分兩點來說：

第一，從上面的敘述可知，觀音思想的重心在於「救苦救難」；而它的出發點是眾生還察覺不到自己的內在覺性，無法「照見五蘊皆空」，以至遭受「一切苦厄」，而有待救援。以這點來看現代管理對事物的管理方式，不難預見將有甚多苦厄要產生，而最後恐怕連觀世音菩薩都解救不了。因為現代管理為了提升企業的競爭能力，需要不斷輸入物質和能源，而顯現出對物質和能源以及競爭致勝的執著，整個過程一定

---

❸❹ 《大正藏》卷二〇，頁一〇八上。

倍嘗艱辛，面對未來也未必有十足的信心。這時如果能體會觀世音菩薩的苦難意識，自度度人，一方面減少對物質和能源的依賴（不發展非急務的企業，不生產非必須的產品，自然會降低對物質和能源的耗費❸），一方面把企業間的相互競爭改為相互提攜（同類型的企業也可以考慮合併，避免資源的浪費），即使將來仍免不了有某些苦厄要嘗受，也比較能坦然面對。

　　第二，觀世音菩薩為了救度眾生，經常要變身說法，這對現代管理來說也饒有意義。現代管理的決策階層在面對人事問題時，通常都採取「管理內管理」，很少會想到「管理外管理」❸，以至造成管理者和被管理者之間的疏離。倘若

---

❸　當今各種企業都在使用電腦或研發新電腦，來搜集、分類、儲存及利用更大量的資訊，以轉化系統更多的可用能量，但很少人會看到「此種資訊的大量增加，往往轉變成能量的鉅量耗用。而隨之而來的乃是混亂的昇高，愈趨集中化與專能化，以及伴隨著能趨疲加速化而來的其他一切特徵。有目共睹的資訊與通訊機構——不管是私人部門或是公共部門——正轉變成龐大的『官僚采邑』，對每一美國人施加影響力。資訊的搜集、交換與棄絕，正以無以倫比的速度增殖著。所謂『資訊革命』的日增能量之流，目前正沿著社會的能量流通管道，造成大量的混亂，而在同時，它亦需要更多的能量移用於維持資訊與傳播與機能所需不斷增高的費用」（見注❹所引雷夫金書，頁二六一），這樣持續下去，絕非人類之福。

❸　「管理外管理」一詞，採自注❶所引郭崑謨書，用意是在容納非正式目標，滿足成員的成就感，以提升工作的效率。郭氏說：「管理外管理的管制，強調員工的向心力。如果主管人員在時間外、

說現代管理有效果不彰的地方，那類似的「人謀不臧」大略就是主要原因。因此，觀世音菩薩的現三十二身一事，豈不是可以給予當今的管理階層一點啟發？

由以上兩點可知，觀音思想所能提供給現代管理應付危機的策略，無非就是「降低再降低對物質和能源的耗用」（寧可放棄部分企業，也不剝奪人類及萬物永續或長久在地球生存的權利），以及「將心比心、和諧人事，維持共存共榮局面」。

四、現代管理的遠景有賴觀音思想的摶成

如果現代管理真能參酌採納觀音思想，改變競爭求勝的策略為圖謀長久的生存機會，以及扭轉員工的疏離傾向而共同致力於企業的經營，那麼可以預見企業所要冒的質能供應不及而危及企業本身的生存和不免競爭惡化而導至企業發展

組織外去用心了解員工問題，協助解決，加強溝通，必能增進員工之『向心力』。管理外管理之控制強調自然而和諧之員工間之自我控制。管理外管理之控制並不僅針對產品的管理，也針對目標的管理及制度的管理。所以我們重視精神上的『自然控制』以及員工時間外的安排；同時在時間內培植員工之『權威感』。主管人員要培植員工『在職權威感』，在他『職位功能上的權威性』，以及解決他們個人的問題。如能解決員工個人問題，必定能使員工達成八小時上班外，其餘十六個鐘頭也『上班』——關心組織之發展。管理外管理不過分強調管人，而強調『事分』，管到事物，管到目標，如此就可把管制的層面擴大」（上引書，頁六〇）。

空間的縮小等風險將可以降到最低，還有它這個原為高能趨
疲社會的最大幫兇所直接間接帶給人類禍害的情況也將可以
緩和下來。

當今有不少人在為現代管理把脈，開立藥方，但總有一
些環節照顧不到。如有人想把禪的智慧引入現代管理：

> 現代的管理知識，注重如何將有限資源，做最好的運用，
> 以提升組織的生產力及達到個人滿足。並不斷地將各種
> 管理方法推陳出新，解決現代人在組織中面臨的問題。
> 如企業方面，從生產導向演進成行銷導向，再變成財務
> 導向，現在則注重人力資源導向。而禪就是強調「天上
> 天下，唯『我』獨尊」，肯定每一個人都是獨一無二，
> 非常尊貴的個體。般若智慧是任何人本來具有的，正如
> 《道德經》所說：「為學日益，為道日損」，只要將貪瞋
> 痴慢疑等不良的習慣領域，逐步轉化消除，就能以智慧
> 提升生活的素質，進而任運自在，而在利他的過程中達
> 到自我實現❸。

但這仍是以管理為主，以禪的智慧為輔，對於企業將繼續耗
用物質和能源而致使危機加深，並不能提供有效的諍言。

又如有人想以「生態智慧」來主導現代管理：

> 具有遠見的企業人士目前已經了解，環境挑戰的長久性

---

❸ 見蕭武桐，《禪的智慧 VS 現代管理》（高雄，佛光，一九九三年
十一月），自序（未列頁碼）。

質，將使全球企業的方向重新定位，而使我們捨棄會造成嚴重污染或消耗有限資源的工業。取代它們的將是以「生態智慧」為基礎的「四個R」：「再整修」(repair)、「再調整」(recondition)、「再使用」(reuse)、以及「再製造」(recycle)。可以預見的是，以「四個R」為基礎的工業將會大為興盛。舉例來說，我們將可看到未來二十一世紀，企業界將致力於污染控制、再製造與資源替代、能源效率，以及適合生態的能量供應。這些工業(以及資訊技術與生物技術)，已被稱為「日昇七大新興工業」(Sunrise Seven)。所有這些工業都具有明顯的「創造財富」潛力：它們具有長期的「生存力」(viability)；它們符合生態學的自然定律；而且，它們更適合耐久的經濟制度，而這些將使我們邁入「第四波」世界❸。

這能顧及生態環境，可說是個好現象，但它仍植基於「利用厚生」的前提（轉利用替代性質能或再利用舊有質能的耗餘部分），對於減緩地球趨於死寂（能趨疲達到臨界點）並沒有實質的貢獻。

又如有人想用「哲學管理」領航來開拓新路：

今天我們所說的哲學管理，是結合文化管理與科學管理的超現代管理，結合倫理管理與經濟管理的綜合管理，再加上對整個社會與國家的目標做長遠考慮的這樣一種管理……我們要發展出那些不破壞生態環境的企

❸　見注❺所引梅納德、瑪特恩斯書，頁一四八。

業、保護生態環境的企業、節省能源的企業、推進生活發展的企業，既能維護生態平衡，又能促進人類生活的逐步改善。維護生態平衡方面，企業要考慮資源的再生和利用，它所排出的廢料、廢氣、廢水，不至於把我們生活的環境變成一個「垃圾場」。企業在促進生活的改善方面，其正面的作用要大於負面的作用❸。

這要使企業既不破壞生態、又能改善生活品質的作法，恐怕最後也難免陷於「魚與熊掌」無法兼取的困境中。畢竟當今生活品質不良不在於物質建設不夠，而在於企業所帶領的過度耗用物質和能源以至能趨疲增加所造成的。解決之道，只有不斷降低對物質和能源的消耗，亟思「樸素」而不奢求的生活。這樣所有企業的經營才不會競相為「改善人類生活品質」的理想，而再度誤蹈高度耗用物質和能源的行列。

依此看來，觀音思想給予現代管理的諍言，自有特別值得參考處。表面上它雖然不及其他想法能促使現代管理有一番「積極的作為」，但實質上它才足夠讓現代管理有「遠景」可以期待。企業中人何妨勉力一試！

---

❸　見注❶所引成中英書，頁七～八。

第三章　佛教和其他宗教對話的途徑

一、宗教對話的必要性

就像其他宗教一樣，佛教也會遭到質疑、批判，甚至無情的詆譭。尤其後面這一不友善的舉措，常使佛教陷於要自我辯解或不要自我辯解的兩難困境中。因此，佛教要贏得世人的讚譽，就不只是推銷自己的教義而已，還得針對外界的質疑、批判等等有所回應。而這種回應，在當下比較有效的是透過「對話」方式來完成。

雖然如此，對話還可分「消極的對話」和「積極的對話」。前者是當佛教還處於「低潮」時為求發展而必要有的作為，後者是當佛教已邁向「高潮」時為開新猷而不可少的作為。現在佛教已是舉世矚目的宗教，信徒遍布五大洲，自然無需再從事「消極的對話」，而可以朝「積極的對話」方向去思考。

所謂「積極的對話」，無疑是跟佛教同級次的其他宗教來進行❶，它的目的在於聯合其他宗教一起創造新的機運或

---

❶　這通常是指猶太教、基督教（含天主教、東正教和新教）、回教（伊斯蘭教）、印度教、錫克教、道教等等同具有神話、教義、儀式和典禮等組構成分的對象，而不包括心理分析學所指出的某

協同指引人類的前途。在這種情況下，佛教就大可不必理會
類似底下這一站在有神論宗教立場所作的評論：「假若我們
採取牛津字典給宗教所下的定義：『是人類對一種不可見的超
人力量的承認，這力量控制著人類的命運，人類對他服從、
敬畏與崇拜。』那麼，佛教就不能稱為宗教，只能說是一種
說明痛苦的原因，及解脫痛苦之方法的人生哲學，這與其他
哲學、社會學學說並無兩樣。」❷並且也不需急著解釋種種可
能的外來詰難或負面評價，如「佛教——從積極地反抗儀式、
臆測、恩典、神祕，和神的人格化開始，最後又規模宏大地
恢復這些原素——是一個具有若干表面矛盾的宗教」❸、「佛
教的基本教義適合於各種剝削階級的利益，因而得到不同國
家的歷代統治者的支持。佛教關於無明作業、業報輪迴的教
義，對於歷史上一切剝削階級、統治階級都是有利的。因為

些世俗的神權宗教（把「領袖」、「人民之父」、「政權」、「民族」、「社
會主義者的祖國」等當作敬仰崇拜的對象）。後者，參見弗羅門
(Erich Fromm)，《心理分析與宗教》（林錦譯，臺北，慧炬，一九
九二年五月），頁三九。

❷ 見曾仰如，《宗教哲學》（臺北，商務，一九九三年四月），頁一
五一～一五二。按：論者還有下文：「但佛教在某種意義上，也
可以說是一種宗教，因為旨在領人自求解脫，使人超越現世的生
命，並有明確的規律可以遵循以達到目的。」（同上，頁一五二）
不過，在「也可以說是一種宗教」一語的限定下，論者仍是偏重
在有神論立場看待宗教的。

❸ 見史密斯(Huston Smith)，《人類的宗教——佛學篇》（舒吉譯，
臺北，慧炬，一九九一年三月），頁一二〇。

它把現實世界統治階級的特權歸因於前世善行的福報，而把苦難人民的苦難說成是前生作惡的苦果，這就使佛教有可能成為維護一切剝削制度的上層建築」❹之類。畢竟這可以仁智互見，解說得再多也無濟於事；何況佛教本身已茁壯到難以搖撼的地步，更不必顧慮這些無關緊要的小挑戰！但對於未來是否還能保有在現實中作為一個宗教的優勢，以及給自己投下某些可以期待遠景的變數，卻無論如何也不能掉以輕心。因此，積極的跟其他宗教展開對話，也就勢在必行。

從整個趨勢來看，宗教間的對話，已行之有年❺，而且會越來越頻繁❻。但這一向都是其他宗教在「主導」，佛教總是缺少那麼一點「主動性」❼。如果比較國內外的情況，佛

❹　見呂大吉主編，《宗教學通論》（臺北，博遠，一九九三年四月），頁六五六。

❺　參見夏普(Eric J. Sharpe)，《比較宗教學──一個歷史的考察》（呂大吉等譯，臺北，久大、桂冠，一九九一年十二月），　頁三三三～三五〇；黃伯和，《宗教與自決──臺灣本土宣教初探》（臺北，稻鄉，一九九〇年十一月），頁一八九～一九一。

❻　參見鈕則誠，〈宗教學與科學學及女性學：兩種西方科際學科間的對話〉，　佛光山文教基金會、佛光大學宗教文化研究中心主辦「第一屆宗教文化國際學術會議」論文（一九九六年一月二十六日～二十九日）。

❼　所謂「主動性」，並不意味著「主導權」，而是重在開風氣。如果這類對話能上「軌道」，　也可協商由其他宗教輪流主辦。以國內來說，目前已有中華信義神學院所屬「傳統信仰與新興宗教研究中心」，　正在籌辦長期性的對傳統信仰與新興宗教進行研究和對話工作，佛教團體不妨就近相互援引，可以避免資源的浪費。

教跟其他宗教的對話在國外（如歐美日本等國）已屢見不鮮❽，只是不知道是否由佛教界來主導；而在國內才剛剛要起步：一九九五年七月三十一日～八月四日，由梵蒂崗教廷出面和出資邀請佛教和天主教代表，在佛光山舉辦「第一屆天主教與佛教國際交談會議」，可以說是個開端。先前靈鷲山般若文教基金會、國際佛學研究中心於一九九一年～一九九四年所主辦的四屆「宗教與文化學術研討會」，研討「宗教與成人教育」、「宗教與生命禮俗」等等課題；佛光山文教基金會、佛光大學宗教文化研究中心於一九九六年一月所主辦的「第一屆宗教文化國際學術會議」，研討「宗教信仰與現代社會」的關係，也有邀請各宗教來相互對話的意味。但這仍是隨機性的，比起有計畫而持續性的對話還有一段距離。

宗教所以要相互對話，是因為宗教屬於人類文化的一個系統❾，而人類文化又是一個對話性結構（各系統以相互或

❽ 參見傅偉勳，《佛教思想的現代探索——哲學與宗教五集》（臺北，東大，一九九五年三月），頁一八～一九。

❾ 一般文化的界說，有所謂三分法和五分法。前者把文化的內涵分為三個層次：器物、制度和理念（參見傅佩榮，〈當前文化的病徵與出路〉，刊於《哲學雜誌》創刊號（一九九二年五月），頁七七）；後者把文化的內涵分成五個部分：終極信仰、觀念系統、規範系統、表現系統和行動系統（參見沈清松，《解除世界魔咒——科技對文化的衝擊與展望》（臺北，時報，一九八六年十月），頁二一～二九）。不論怎麼分，宗教都可以在文化的次次系統中給它找個位置（也就是屬三分法中的理念層部分或五分法中的終極信仰部分）。

顯或隱的對話文本存在）❿，不經由面對面的溝通過程就無法更清楚的「知己知彼」。換句話說，所有宗教並不是各自獨立的，而是相互指涉或相互對諍的。如基督教所預設的唯一神（上帝）為宇宙萬物的第一因，佛教所預設的緣起法為宇宙萬物的由來，道教所預設的道（氣化）為宇宙萬物的成因，各各都隱含著和對方對話（對諍）的態勢；倘若抽離了對方的預設，本身的預設也不需要了。而宗教間的對話所以期待於佛教界來主導，主要是佛教在這混亂、不安、衰頹的世紀末是一股清流，以及低度使用資源可為「群倫表率」（轉而延緩地球邁向能趨疲的臨界點）而相當被看好❶，不妨趁勢再作一件大功德。本論述的構想，就是基於這個前提而來的，希望佛教在未來所要主導的宗教對話中，能夠避免既有的其

❿ 有人說藝術作品或文學作品在本質上是一個對話結構（參見曼紐什(Herbert Mainusch)，《懷疑論美學》（古城里譯，臺北，商鼎，一九九二年十月），頁三八；葉維廉，《歷史、傳釋與美學》（臺北，東大，一九八八年三月），頁四五～五〇）。其實，整體文化也是。

❶ 如倡導新能趨疲世界觀的雷夫金 (Jeremy Rifkin)，就曾這樣贊譽佛教：「東方宗教的信徒——特別是佛教徒——早已瞭解到極少降低能量流通的價值。冥想的修練首在減緩能量的無謂浪費。當個人將其消耗的能量減至支持他肉身生存之需的最低極限時，他便可達到『涅槃』或『天理』的境地。東方的宗教早已悟出，個人能量的不必要消散，徒然會增加世界的迷惑與混亂而已。」（見雷夫金，《能趨疲：新世界觀——二十一世紀人類文明的新曙光》（蔡伸章譯，臺北，志文，一九八八年九月），頁三五六）言下之意，佛教足堪稱為新能趨疲時代宗教的代表。

他宗教所主導的宗教對話所顯現的負面效應，儘快樹立一些可以信賴的軌範，而有助於人類社會合理而和諧的發展。

二、 宗教對話所存在的變數

過去由其他宗教所主導的宗教對話，效果並不是很好。理由正如一位神學研究者所說的：「向來宗教對話的工作所秉持的一個最高的原則是『尊重人們虔心的信仰』。 因此，自宗教對話工作推行以來，大部分有關宗教對話之神學反省，都對巴特(K. Barth)及克雷瑪(H. Kraemer)之把宗教（尤其是基督教之外的諸宗教）視為人之文化產物的觀點多加撻伐、批評。尤其是克雷瑪之名著《非基督教世界中的基督教信息》(*Christian Message in The non-Christian World*)的論點更是成為眾矢之的。對話神學家這種一改過去宣教師式唯我獨尊的態度，確實贏得對話對象的好評與回饋。然而卻也引起傳統神學擁護者的強烈質疑。在對『對話神學』的批評中，最為值得一提的，同時也是對話神學所需面對與克服的最大困難，乃是『相對主義』(relativism)及『混合主義』(syncreticism)的兩難與雙重危險。一方面如果因尊重對方而主張各宗教有不同真理與救贖，有其獨特性(uniqueness)，則真理的普遍性乃受挑戰，基督教宣教、見證的動機與理由乃面對質疑。另一方面如果因尊重對方是因為假設每個宗教都具有相同的真理與救贖，則不免陷於混和主義、斷章取義，既誤解他人也妥協自己，而致扭曲了各宗教之特性與內容。」❷如果說這是既

❷ 見注❺所引黃伯和書，頁一九六～一九七。

有的宗教對話所帶來的負面效應的話，那它的癥結點可能就在於對「對話」一事的定位尚未明確或出現了偏頗。

既有的宗教對話，「不是把宗教視為客觀的學科研究，就是把對話工作專注於教義異同的辨證。這種把宗教從人的心靈拉開的神學導向，實是宗教神學的致命傷」❸。可見過去的對話方式和內容還要再持續下去，準會陷於膠著狀態而難以進展。倘若佛教今後想要改善這種情況，也許得先打破舊有的框框，而設法作點前瞻性的對話規畫才行。換句話說，從認知層面來瞭解其他的宗教或讓其他宗教來瞭解本教，可由其他途徑獲得（利用影視、圖書、繪畫、建築、音樂……等等傳媒或就近相互觀摩），不必利用對話機會來交換這些「容易」獲得的訊息，而可以考慮一些比較有效的方案。那麼到底要對話些什麼？這可能得從對話本身說起。

一般提到對話，多少都要追溯到古希臘時代的蘇格拉底(Socrates)和柏拉圖(Plato)。正是他們二人開啟了為某些真理或課題反覆論辯的「辯證式」對話傳統❹，使得後世的種種對話設計都可以在這裏找到源頭活水。雖然如此，後人在重拾這個話題時，也不盡遵循著他們二人所創設的規範，而是有意無意的重新樹立了一個對話的小傳統。如巴赫汀(Mikhail Bakhtin)的「眾聲喧嘩(raznorechie, heteroglossia)式」對話：

---

❸　同上，頁一九七。

❹　詳見柏拉圖(Plato)，《柏拉圖理想國》（侯健譯，臺北，聯經，一九八九年五月）；《柏臘圖文藝對話集》（朱光潛選譯，臺北，蒲公英，一九八六年）二書。

這是巴赫汀獨創的一個俄文詞，用來描述文化的基本特徵，即社會語言的多樣化、多元化現象。眾聲喧嘩存在於社會交流、價值交換和傳播的過程中，凝聚於個別言談的生動活潑、千姿百態的音調、語氣之內。眾聲喧嘩是文化的基本型態……換言之，眾聲喧嘩是各種社會利益、價值體系的話語所形成的離心力量，向語言單一的中心神話、中心意識型態的向心力量提出強有力的挑戰。在這樣眾聲喧嘩、百家爭鳴的局面中，文化呈現著勃勃生機和創造性。這是因為，只有在眾聲喧嘩的局面中，各種話語才最深刻地意識到了其自我的價值和他者的價值，把中心話語霸權所掩飾的文化衝突與緊張的本質予以還原。在話語與話語的相互對話、交流中，化解矛盾與衝突❶。

這種多元並存或各說各話的對話格局，顯然不是早期那種預設一元真理的對話格局所能比擬。又如托多洛夫(Tzvetan Todorov)的「探索真理式」對話：

然而批評是對話，是關係平等的作家與批評家兩種聲音的相匯。公開承認這一點是很有益處的。不過，許多流派的批評家在拒絕承認對話批評上不謀而合。教條論批評家、「印象主義」評論家以及主觀主義的信徒們都只讓人聽到一種聲音——即他們自己的聲音；而歷史批評

❶ 見劉康，《對話的喧聲——巴赫汀文化理論述評》（臺北，麥田，一九九五年五月），頁一四～一六。

家又只讓人聽到作家本人的聲音，根本看不到批評家自己的影子；「內在論」批評中的認同批評把與作家融為一體直到以作家的名義講話奉為理想，而結構主義批評又以客觀描述作品為金科玉律。殊不知，這樣禁止與作品對話、拒絕評判作品所闡述的真理無異於削弱了作品的主旨所在：探索真理❶。

這把它轉移到一般的對話上（也就是不限於文學批評）， 也可以看出跟早期那種「辯論真理」的對話略有不同（托氏著重在「探索真理」—— 不只關心對方說了什麼，也關心對方說得對嗎）。又如曼紐什(Herbert Mainusch)的「懷疑論式」對話：

> 在藝術中，與「熱情」和「系統」相對抗的東西乃是「對話」。 系統之所以稱為系統，意味著它是「正確的」，同時也是受限制的。系統可以教，也可以學。它把種種確定性的東西傳導給一個信奉它的接受者。但對話或對話式的結構就不同了。它不是強迫人（讀者）去接受它，而是邀請人積極地參與它，對之作出自己的貢獻。讀者總是被視為一個真正的伙伴，而不是一個受惠者。在對話中，人可以隨心所欲，引導它走向新的彼岸，或者使它的新的形式出現，卻不能無故中斷❷。

---

❶ 見托多洛夫(Tzvetan Todorov)，《批評的批評 —— 教育小說》（王東亮、王晨陽譯，臺北，久大、桂冠，一九九〇年一月）， 頁一八四～一八五。

同樣的這也把它轉移到一般的對話上（也就是不限於藝術作品的結構方式），多少也顯示出跟早期那種隱然導向終極真理的對話稍為異趣❸。

以上這些主張，都以「對話」為名，卻有不同的內涵。試問現在佛教要跟其他宗教對話（或其他宗教要跟佛教對話或相互對話），究竟要怎麼對話？如果是像蘇格拉底和柏拉圖那種為導向終極真理的「辯證式」對話，那就要問到底導向誰的終極真理？是佛教的？還是其他宗教的？或是另外的？如果是像巴赫汀那種開放的「眾聲喧嘩式」對話，那也要問如何持續下去且不會浪費力氣或虛擲力氣？如果是像托多洛夫那種執著的「探索真理式」對話或像曼紐什那種相互解構的「懷疑論式」對話，那更得問怎麼可能或怎樣才不致引起後遺症？顯然佛教要來主導宗教對話，還有很多變數存在。

三、 佛教主導宗教對話先行要解決的 課題

倘若暫時撇開上述各種對話類型的區分問題，而從當今一些比較籠統而流行的對話觀點來說，參與對話的人必須將「整個身心融進去」，在對話後「如同得到一次脫胎換骨的變化」。 這種對話「使人與人之間很快達成協調，相互擴大眼

---

❼ 見注❿所引曼紐什書，頁三六。

❽ 雖然曼氏在書中也提到「柏拉圖式對話」或「蘇格拉底式對話」，但他所主張的對話是對現實的批判（對表面熟悉的事物的檢討和質問，從而得到新的發現和新的選擇）， 卻跟前人的主張「貌似神離」。

界，精神生活進入一個新的和更高的層次」。「對話是一種平等、開放、自由、民主、協調、富有情趣和美感、時時激發出新意和遐想的交談」。更重要的是，參與對話的人「首先不是忙於闡明和說出自己的偏見，而是使自己的偏見暴露出來，處於危險狀態中。這種暴露不僅是對他人而言──在它暴露給別人的同時，也暴露給了說話者自己，使自己處於一種對自己的懷疑中」。而相互比較之下，「種種非對話式的交談則充滿了教訓與受教、灌輸與接收、強迫與服從、施與和拒絕、激情與冷酷等對立、摩擦和互不相容。在這種交談中，偏見不僅得不到制止和暴露，反而得到肆無忌憚的發洩」❶。這是蠻不錯的對話構想❷，如果由佛教來主導宗教對話，個人相信佛教也能勉力去除類似的偏見而成為一個稱職或合格的對話者。但我們無法保證其他宗教個個都有同樣的見識和態度；而且在這個環節上佛教也沒有充足的理由要求其他宗教必須如此回應。

　　根據一些學者的考察，歷來佛教或佛教研究者並不乏透過各種可能的管道，或隱或顯的以類似上述的方式跟其他宗教對話而取得「可用」的資源。如佛教傳入中國以後，就不斷地吸收道教的儀軌（如道教的講經制度、壇場及壇儀禁忌等等）、習俗禁忌（如道教的星斗崇拜、符籙印、時日吉凶

---

❶　參見滕守堯，《對話理論》（臺北，揚智，一九九五年二月），頁二二～二三。

❷　所以說它是一種對話構想，主要是在實際的對話場合，也跟其他說話場合一樣充滿著「權力」的較量和「利益」的競爭（以或明或暗的方式在進行），論者的講法是理想化了一點。

信仰、宅葬信仰、靈籤信仰及避穀、食氣、藥餌、冶鍊等方術和節慶習俗等等）、哲理（如道教的道體論、太極圖等等）和鍊養術法（如房中術）等等❶。這雖然無法進一步掌握實際的對話過程（可能泰半都經由隱式的對話──也就是「暗中」吸收道教的某些成分，而不是公開的面對面進行對話），但也不難看出佛教特能「與時推移」或「入境隨俗」。又如從第二次世界大戰以來，日本佛教跟西方基督教經過許多次創造性的對談交流而彼此衝擊、相互激盪之後，已經造成世界宗教發展的新局面，也讓佛教、基督教雙方傳統各別吸納對方的優點，當作繼續充實本身的外在資源；其中日本佛教所吸納於基督教神學的地方特別多，包括基督教神學所強調的宗教時間性、社會倫理、歷史理念等等❷。這也可見佛教特別具有「進取精神」和「包容心態」，可以成為其他宗教選擇對話伙伴時的優先考量。然而，任何對話的實現而不預設某些「利益」目的（可以讓參與對話的成員分沾物質性或精神性的好處），恐怕只是一個烏托邦，不太可能在人間看到（即使偶有這類對話，也難能持續）。這又顯示了佛教今後勢必無法片面邀約其他宗教對話而沒有某些必要的權益共享或共創承諾。

假使以上的判斷沒有錯誤的話，大家將會發現使得對話可能或對話不可能的關鍵，就在該「必要的權益共享或共創承諾」的有無。而先前所提到的對話方式不定或在實際對話

---

❶ 參見蕭登福，《道教與佛教》（臺北，東大，一九九五年十月），頁一～一二六。

❷ 參見注❽所引傅偉勳書，頁一七～一八。

時會產生負面效應等問題，反而變成次要的了。換句話說，對話方式不定或在實際對話時會產生負面效應等問題，都可以在技術上加以克服（何況各宗教倘若真要相互瞭解，已經有許多管道可以利用——如前面所提及的影視、圖書、繪畫、建築、音樂……等等傳媒或就近相互觀摩都是），但對於該「必要的權益共享或共創承諾」卻不能不在理念上先予以貞定。因此，不論所選擇的權益內涵是由主辦者設定或共同協商確立，都無妨它將是未來任何對話中一個無可取代的變數。佛教如果有意主導宗教對話，當然也得妥為解決這個課題。

四、佛教主導宗教對話的可能模式

雖然宗教對話也不能免俗的要預設某些「利益」目的，而可能轉為有心人假藉名義以謀取私利，但這種機率（或機會）大概不會很高。畢竟宗教還是保有強烈的懷世溫情或救世意識，應該能夠「自我調節」而不致演出走樣（主事者不能「因噎廢食」，旁人也不必以「異樣眼光」看待）。在這個前提下，佛教要來主導宗教對話，個人認為除了附帶效益均沾的預估外，不妨集中力氣於規畫對內可使各宗教自我約束或自我成長而對外可使人類社會（甚至自然世界）合理進取或安詳存在的對話方案。因此，每一次的對話，可以就某一議題或某一事件或某一現象或某一理想來進行（必要的話還可以邀請有關的公私機構或團體參與對話），總歸是不要流於形式而白費心力。

如果還要進一步追問是否有些急迫要對話的課題，底下

有段一位學者所說的話也許可以藉來回答：佛教緣起思想的
「相依相資相關義理可以聯貫到共業觀念，對於我們應付生
態環保、死刑廢除、世界和平、民主人權、男女平等、經濟
互助、國際合作等等現代世俗問題，足以提供不少思維靈感
與理論資糧」❷。所謂生態環保、死刑廢除、世界和平、民
主人權、男女平等、經濟互助、國際合作等等問題，這也同
樣是其他宗教所能（也是必要）提供思維靈感和理論資糧的，
而可以經由對話謀求有效、適當的解決（不必讓佛教自己「獨
挑大樑」而仍是「難收宏效」）。

　　當今有人站在西方神學的立場而發出這樣的期待：

> 神學──無論是天主教的、新教的，還是正教的──都
> 處於這樣一種面臨重大任務的局面。通過對拉丁美洲、
> 非洲和亞洲的解放神學、美國的道德神學和性倫理學以
> 及歐洲的教義信仰問題（永無謬誤、職務結構、基督學）
> 的討論情況，下面這點變得更爲公開而明確：在今天的
> 社會現實條件下，對《聖經》和基督教傳統的討論絕對
> 不是無害的智慧沙堡遊戲，而是具有高度實際成果的反
> 思。我深信，神學只有擺脫自宗教改革時期以來一直盛
> 行的「古典衝突」（A部分），才能在理論上和實踐上發
> 展「前景」（B部分），並且從基督教的普世出發「開闢
> 世界宗教的神學」（C部分）❷。

❷　同上，頁九〇。

❷　見昆（原名未詳），〈神學：走向「後現代」之路〉，收於王岳川、
　　尚水編，《後現代主義文化與美學》（北京，北京大學，一九九三

姑且不說這類期待是否可能實現,就說這類期待所透露的「垂直思考」模式❷,也許正是宗教無法在現代社會發揮更大影響力的主要因素。佛教所要主導的宗教對話,自然也得再盡一分將既有思考模式扭轉為「水平思考」模式,以便能跟其他宗教齊力開創一些新氣象。

個人非常心儀於早期一些宗教會議所標榜的「試圖使所有各種宗教『深信,為了世界範圍的道德水平的提高,有一項偉大的工作要它們一起去做』」❷口號。汰除其中所隱含的「唯一神教」預設成分,倒頗能形容本章的這番構想或印證本章這番構想的必要性,接著就看佛教界人士或其他宗教界人士是否有智慧或有意願來將它具體實踐了。

年十月),頁一六六～一六七。

❷　「垂直思考」, 指的是朝著一定的路線,上上下下,以求前進。跟它相對的是離開固定方向的規範而向別的若干不同的規範去移動探索的「水平思考」(參見黎波諾(Edward de Bono),《水平思考法》(余阿勳譯,臺北,水牛,一九八九年四月), 頁八～九)。宗教界這種但求建立「普世神學」而不顧現實社會多方「仰賴」於宗教(可供宗教盡情「馳騁」),顯然還停留在「垂直思考」階段。

❷　見注❺所引夏普書,頁三三六。

第四章　佛教的財富矛盾問題及其化解途徑

一、財富矛盾是宗教中普遍的現象

　　從現代心理分析學開始流行以來，人類無形中又增多了一些自我省察的機會。其中像有人引用西藏白教岡布巴大師在《寶鬘集》中所列舉的十大箴言❶來跟心理分析學相印證而指出心理治療的一些方向，這又是一個善於類比而可以遵循的特例。其實，自我省察能力的培養，不應只限於個人，各種各樣的團體或社會整體都有這個需要。現在所要談的佛

---

❶　這十條箴言是：一、慾念可能被誤認為信仰。二、戀著(Attachment)可能被錯認為慈悲。三、無思無慮可能被誤認為是無邊際的涅槃心——宗教的最高境界。四、感官知覺（或現象）可能被誤認為真實的剎那見道。五、一閃的見道可能被誤認為全體的證悟。六、假道學可能被誤認為真行者。七、心為形役的瑜伽師可能被誤認為是解脫了戒縛的大自在者。八、利己之行可能被誤認為利他之行。九、欺詐手法可能被誤認為審慎。十、騙子可能被誤認為聖者。論者認為切記這些箴言，有助於人從自己的虛偽中識別真實。見弗羅門(Erich Fromm)，《心理分析與宗教》（林錦譯，臺北，慧炬，一九九二年五月），頁八一～八二。

教，在當代是個顯教，似乎更應該進行深刻的自我反省，才有助於確保在未來能繼續保有目前的優勢。

本章特別拈出一個財富矛盾問題作為引子，並嘗試提供一點可能的反省的方案，以表示一個佛學愛好者對佛教前景的關懷之意。我們知道：不只佛教有財富矛盾問題，其他宗教也有財富矛盾問題❷；但從來沒有一個宗教像佛教這樣一面正視財富的虛幻性，一面又緊緊依賴著財富（為自我生存和用來施捨）。如果承認依賴財富是一種不得已的權宜作法，那原來的教義顯然有缺陷（不能預防矛盾的產生）；如果肯定原來的教義確實無誤，那又顯示信徒所作所為並未遵守教義。這樣的矛盾現象，佛教中人心裏可有合理而有效的解決辦法？如果沒有，那這就是亟待省視檢討的對象。而個人現在以專章來探討這個課題，多少有一點「護教」的意味，期望佛教從此能卸下或免除財富矛盾的包袱或指控。

為了達到上述的目的，底下的討論將從三方面來進行：

第一，先就理想面和現實面的衝突，窺探財富矛盾的直接原因；第二，再就佛教對財富的需求略作一點深層次的檢討，以間接證成佛教在俗世中生存必然要有財富為前提；第三，最後試著提出一些化解財富矛盾困境的途徑，以供佛教界參考。由於這是偏重在理論層面的論述，結果可以跟實際層面相互印證，但本章並不打算「繁為舉例」（當今佛教在實際層面的作為，大家已經有目共睹），以免出現為文蕪雜的

❷ 參見徐佩明，〈宗教與財富：兩者矛盾關係之探討〉，收於黃紹倫編，《中國宗教倫理與現代化》（臺北，商務，一九九二年七月），頁二四二～二五○。

現象或遭受一些無謂的詰難（如「選擇性舉例的用意何
在?」、「暴露某些僧團的作為是否別有用心?」之類）。

二、佛教財富矛盾的直接原因

　　佛教以緣起法看待一切事物❸，斷定一切事物都是虛幻
不實。世俗人有所執著，必生痛苦煩惱，而得經由八正道(正
見、正思維、正語、正業、正命、正精進、正念及正定)來
自我解脫。其中財富一項，可說是引發世俗人痛苦煩惱的一
大根源，在佛教來說更是要勸人放下執著，但佛教卻也不能
免俗的看重起財富來。所謂「山中揭鳥，尾有長毛；毛有所
著，便不敢復去，愛之恐拔罷；為獵者所得，身坐分散，而
為一毛故。人散意念，恩愛財產，不得脫苦，用貪婬故」❹、
「何法名為苦? 所謂貧窮是。何苦最為重? 所謂貧窮苦。死
苦與貧苦，二苦等無異。寧當受死苦，不用貧窮生」❺，一
方面既說「恩愛財產，不得脫苦」， 一方面又說「寧當受死

---

❸　這是就通義上說，並不涉及佛教在演變過程中所衍生出來的各種
　　緣起論（如業感緣起、阿賴耶緣起、如來藏緣起、法界緣起、六
　　大緣起等等）。 後者雖然各有不同的條件限制，但論起「緣起」
　　卻是一致的。有關緣起法的異說部分，參見蔣維喬，《佛學概論》
　　（高雄，佛光，一九九三年八月），頁三〇～三九；方立天，《佛
　　教哲學》（臺北，洪業，一九九四年七月），頁一八五～二五五。

❹　見《三慧經》，《大正新脩大藏經》(以下簡稱《大正藏》)（臺北，
　　佛陀教育基金會，一九九〇年三月）卷一七，頁七〇三下。

❺　見《金色王經》，《大正藏》卷三，頁三八九下。

苦，不用貧窮生」， 儼然有要像世俗般的走向營利孳息的路
途上去了。

如果說捨棄對財富的執著，才有助於登上涅槃極境，是
佛教所許下或預見的理想世界的話，那麼無法忍受因貧窮而
導至「偷生苟活」的尷尬局面，就是佛教所要面對的真切的
現實處境。因此，「寧當受死苦，不用貧窮生」就不只是對
一般人為真，對佛教中人也同樣為真。這就構成了一個理想
面和現實面矛盾衝突的問題。換句話說，在具體情境中沒有
財富，就難以維持生存，也無從獲得應有或起碼的尊嚴（一
個老是瀕臨饑餓邊緣或等待施捨的人，怎會受到別人的客氣
對待呢）； 這一謀生困難和遭人冷落的苦楚，正是佛教理想
世界無法立刻「成就」的直接原因。

雖然如此，佛教並沒有去正視這個矛盾衝突，反而很「巧
妙」的把它避開了。也就是只專門討論財富的支用問題，而
掩去了財富本身所構成的跟教義相牴觸的弔詭現象。如「始
學功巧業，方便集財物。得彼財物已，當應作四分：一分自
食用，二分營生業，餘一分藏密，以擬於貧乏」❻、「大國有
一長者，其家豪富，財寶無量。於多劫中，父子因緣，相襲
不斷。修諸善行，名稱遠聞。是大長者，所有財寶，皆分為
四：一分財寶，常求息利，以贍家業；一分財寶，以充隨日，
供給所需；一分財寶，惠施孤獨，以修當福；一分財寶，拯
濟宗親，往來賓旅。如是四分，曾無斷絕。父子相承，為世
家業」❼、「爾時波斯匿王，說是偈已，白佛言：『世尊！我

---

❻ 見《雜阿含經》卷四八，《大正藏》卷二，頁三五三上、中。

❼ 見《心地觀經》卷四，《大正藏》卷三，頁三一○上。

於今者，發於無上大菩提心。願於眾生安樂，解脫生死繫縛。
我今願以財物庫藏金銀之屬，分為三分：一分奉施如來世尊，
及比丘眾；一分施於舍衛城中貧窮苦惱，無依怙者；一分財
物，留資國用。凡我所有園池花果，悉願奉施最勝如來，並
比丘眾。惟願世尊垂哀納受！」爾時憍薩羅國五百長者，覩
斯事已，皆發無上大菩提心」❽等等，這固然表明了佛教有
「與人分享財富」的雅量，也透露了佛教無意於獨攬財富或
壟斷財富的信息，但用來「營生業」或「布施（包含奉施和
分施）」的前提是要擁有或攢有相當的財富。這跟佛教的基
本教義並不相容，而卻實際的發生了❾。

　　此外，佛教還有一些相關的論說，也同樣顯示佛教有意
無意的在「避重就輕」。如「（佛告善生言）求財物者，當知
有六非道。云何為六？一曰種種戲求財物者為非道；二曰非
時行求財物者為非道；三曰飲酒放逸求財物者為非道；四曰
親近惡知識求財物者為非道；五曰常喜妓樂求財物者為非道；
六曰懶惰求財物者為非道」❿、「又居士子！有六患消財入惡
道，當識知。何為六？一為嗜酒遊逸；二為不時入他房；三

---

❽　見《大寶積經》卷九十五，《大正藏》卷一一，頁五三九上、中。

❾　以中國為例，歷來佛教僧團很少不積極於籌措經費，甚至還不惜
　　「設庫融資」以兼營孳息。參見南懷瑾，《禪宗叢林制度與中國
　　社會》（臺北，藝文，一九六四年五月），頁三一～三三；丁敏，
　　〈方外的世界——佛教的宗教與社會活動〉，收於藍吉富、劉增
　　貴主編，《中國文化新論——宗教禮俗篇》（臺北，聯經，一九九
　　三年十二月），頁一七二～一七三。

❿　見《中阿含經》卷三三，《大正藏》卷一，頁六三九中。

為博戲遊逸；四為大好伎樂；五為惡友；六為怠惰」❶、「財有八危，損而無益。何謂為八？一者為官所沒；二者盜賊劫奪；三者火起不覺；四者水所沒溺；五者怨家債主橫見奪取；六者田農不修；七者賈作不知便利；八者惡子博掩，用度無道。如是八事，至危難保。八禍當至，非力所制」❷等等，這縱然極力在示人不求「非分之財」和如何「避免財禍」，表現出十足的熱衷「世道」，卻將基本教義及上述的弔詭現象一起擱置了（或存而不論）。這又是什麼緣故？

其實，這也不難理解。世俗中人無法短少財富這種「維生的媒介」，佛教中人也一樣不能免俗，以至可以容許教義所不及的攢財或分財一類的行為。否則，難免就得遭受因「乏財」而引發的種種不便和痛苦。因此，當我們看到佛教不時像世俗般的暢論去取之道❸時，也就毋需感到訝異，畢竟佛

---

❶　見《善生子經》，《大正藏》卷一，頁二五二下。

❷　見《中本起經》卷下，《大正藏》卷四，頁一六二下。

❸　如「人治生，譬如蜂作蜜。採取眾華，勤苦積日；已成，人便攻取持去，亦不得自食，適自疲極。人東走西走，求是作是，合聚財寶，勤苦不可言。已命盡，他人得其財，身反得重罪，受苦不可量」（見《三慧經》，《大正藏》卷一七，頁七〇三下）、「為護一家，寧捨一人。為護一村，寧捨一家。為護一國，寧捨一村。為護身命，寧捨國財」（見《因緣僧護經》，《大正藏》卷一七，頁五六六中）、「佛言：人於世間，不取他人財物，道中不拾遺，心不貪利，從是得五善。何等五？一者財物日增；二者不亡遺；三者無所畏；四者得生天，天上多珍寶；五者從天上來，下生世間，保守其財產，縣官盜賊不敢侵犯取其財。今現有保財至老者，皆

教也是不離世間的！

三、佛教財富矛盾的深層原因

　　佛教為了自我的生存而去追求財富，還受到一個「較進一層」的因素的制約，就是轉布施。「善男子！菩薩若見持戒、破戒，乃至果報，終不能施；若不布施，則不具足檀波羅蜜。若不具足檀波羅蜜，則不能成阿耨多羅三藐三菩提」❶。在佛教來說，有三種布施：法施、財施、無畏施❶。其中以法施和財施較常被提起，已被認定為成就阿耨多羅三藐三菩提(無上正等覺)的基本條件。於是佛教也就可以以布施(財施)為藉口而去開闢財源，沒有人會對它多所訾議。所謂「以財物惠施，獲八功德。云何為八？一者隨時惠施，非為非時；二者鮮潔惠施，非為穢濁；三者手自斟酌，不使他人；四者誓願惠施，無憍恣心；五者解脫惠施，不望其報；六者惠施求滅，不求生天；七者施求良田，不施荒地；八者

　　故世宿命不敢取他人財物所致也。亡無多少，令人憂惱。亡遺不如保在。如是分明，慎莫取他人財物」（見《分別善惡所起經》，《大正藏》卷一七，頁五一七上）等等，這實在看不出來跟世俗所有的論調有什麼差異。

❶　見《大般涅槃經》卷一五，《大正藏》卷一二，頁四五四下。

❶　《解深蜜經》卷四說：「佛告觀自在菩薩曰：『善男子！各有三種施。三種者：一者法施；二者財施；三者無畏施。』」（《大正藏》卷一六，頁七〇五下）此外，還有所謂食施、淨施、義施等等「不同」的名目（也就是可以歸入前三種布施的總名下）。

然持此功德，惠施眾生，不自為己」❶，布施既然是在「利他」，那麼攢積財富來布施又有何不可？

　　站在同情的理解的立場，對於上述那樣的財富觀，應該給予相當的肯定，只是裏頭還有一些問題存在，可能需要進一步加以分辨。首先，佛教自己還提出一個法施勝於財施的觀點：

> 善男子！假使有人，以三千大千世界，滿中七寶，供養如來。若復有人，勸請如來，轉大法輪，所得功德，其福勝彼。何以故？彼是財施，此是法施。善男子！且置三千大千世界七寶布施。若人以滿恆河沙數大千世界七寶，供養一切諸佛，勸請功德，亦勝於彼。由其法施，有五勝利。云何為五？一者法施兼利自他，財施不爾；二者法施能令　眾生出於三界，財施之福不出欲界；三者法施能淨法身，財施但唯增長於色；四者法施無窮，財施有盡；五者法施能斷無明，財施唯伏貪愛。是故善男子，勸請功德，無量無邊，難可譬喻❶。

這樣如果逕任財施發用，是否會延誤或抹煞了那無上正等覺的究極指引❶？

---

❶　見《增壹阿含經》卷三七，《大正藏》卷二，頁七五五中。
❶　見《金光明最勝王經》卷三，《大正藏》卷一六，頁四一五中、下。
❶　相傳菩提達摩到中土後，被梁武帝迎請到金陵，兩人曾經有這麼一段對話：「帝問曰：『朕即位已來，造寺寫經度僧不可勝紀，有

其次，財富是會引發相互搶奪的對象，這點佛教自己也明白，所謂「寶物歸無常，善法增智慧；世間物破壞，善法常堅固。若有順法行，隨人百千世；雖種種寶物，不能至後世。種種財寶物，則可強劫奪；王賊及水火，不能拔法財」⓳，說的正是財富的「不安全」性。但佛教有沒有想到轉布施的財富，卻得透過各種可能的手段跟人（或其他宗教、團體）競爭得來，這種「暗裏來明裏去」的財施作為，究竟能維繫多久、甚至更根本的是否必要？

再次，在理想上佛教固然可以標榜智慧和布施雙修：「常樂修智慧，而不行布施；所生常聰哲，貧窶無財產。唯樂行布施，而不修智慧；所生得大財，愚闇無知見。施慧二俱修，所生具財智；二俱不修者，長夜處貧闇」⓴，但在實際上智慧和布施雙修的結果，卻是自我牴觸。因為佛教所講的智慧（般若智）是要透視緣起法的，如何能夠一邊透視緣起法一邊攢積財富來布施？因此，財施一項，佛教縱使為它辯說萬千，終究不能沒有疑問，這又該怎麼辦？

挑毛病歸挑毛病，我們看佛教還不是一路順順當當的走

何功德?」師曰：「並無功德。」帝曰：「何以無功德?」師曰：「此但人天小果有漏之因，如影隨形，雖有非實。」帝曰：「如何是真功德?」答曰：「淨智妙圓，體自空寂。如是功德，不以世求。」」（見《景德傳燈錄》卷三，《大正藏》卷五一，頁二一九上）梁武帝所作的都偏於財施方面，在達摩看來並無功德可言，這也可以印證本章所拈出的這一點。

⓳　見《正法念處經》卷三四，《大正藏》卷一七，頁二〇二中、下。

⓴　見《分別業報略經》，《大正藏》卷一七，頁四四九上。

過來了❹，它又何嘗曾被財富矛盾問題困折過？這樣說來，是不是表示個人對佛教有所誤解（才導至本章這般的論述）？這也不然！財富這種東西要別為看待，不必跟佛教教義「牽扯」在一起（正如在其他宗教也不必跟它們的教義「牽扯」在一起一樣）。理由是：財富除了是生存必須的（交易）媒介外，最重要的是它能使人連帶的獲得名譽、榮耀、地位、權力等等好處❷。而在俗世中，財富就等同於名譽、榮耀、地位、權力；財富越多越能顯示這些抽象的東西，所以追求財富是無止盡的。宗教既然也要在人間生存，又如何能避免對財富的需求❷？現在佛教也要面對現實社會，要跟其他宗

❹ 佛教一向相當積極於擴充寺產，並且用於經營文化、教育、醫療、救濟、娛樂、社會福利等等事業，絲毫不覺得有什麼「違異」處（或所作所為如何跟政府或其他團體的所作所為有一明顯的「區分」）。有關佛教的事業方面，參見邢福泉，《臺灣的佛教與佛寺》（臺北，商務，一九九二年七月），頁一五～二七；吳永猛，〈現代寺院經濟之探討〉，佛光大學籌備處主辦「佛教現代化國際學術研討會」論文（一九九四年十月八～十日）；丁敏，〈聖嚴法師佛教事業的經營形態〉，佛光大學籌備處主辦「佛教現代化國際學術研討會」論文；丁仁傑，〈現代社會中佛教組織的組織轉型與組織制度化有關問題之探討：以臺灣佛教慈濟功德會的發展為例〉，佛光大學宗教研究中心主辦「第一屆宗教文化國際學術會議」論文（一九九六年一月二十六～二十九日）。

❷ 參見注❷所引徐佩明文，頁二五〇～二五三。

❷ 過去曾有韋伯(Max Weber)解釋近代資本主義（累積財富）的興起，是得力於新教（喀爾文教派）的禁慾主義。韋伯認為新教肯定一個人的得救與否，完全繫於上帝的意旨，個人無力改變這個

教、團體競爭❷，要因應來自政治有形無形的（管制）壓力，沒有財富作為後盾，試問佛教能憑什麼在現世中立足？也許這才是佛教不得不「暫擱」教義而競逐起世俗財富的關鍵所在（如果只是圖謀內部教徒的溫飽，根本不必那麼費事的來擴充或壯大教團的規模）。

四、化解財富矛盾的途徑

當今有些宗教學者，想不通大部分的新興宗教（包括佛教的復振）為何所在的寺廟「在數量上不斷增加，而祭儀也愈來愈龐大豪華」❷，而其訴求「表面上是與功利主義相反

預選命運。而為了緩和這個嚴苛的教理所帶來的憂慮，教徒找尋一些能夠預告將來命運的象徵，他們以為世事的成功是預選的先兆。於是新教徒不惜一切努力使自己所做的世事成功，而世事成功最好以財富多寡來衡量。因此，世上才有無限制地儲蓄財富的現象發生，同時也刺激了資本主義精神的誕生（見韋伯，《新教倫理與資本主義精神》（于曉等譯，臺北，谷風，一九八八年九月），頁一二七～一五一）。這不能說毫無道理，但世人所以要去追求可以滿足慾望所需的財富之外的財富（以至造成巨額的盈餘），最主要的原因恐怕還在於為了爭取財富所象徵的價值（也就是名譽、榮耀、地位、權力等等）。

❷　這既競爭社會資源，也競爭信徒、地位等等。參見宋光宇，〈試論四十年來臺灣宗教的發展〉，收於宋光宇編，《臺灣經驗㈡——社會文化篇》（臺北，東大，一九九四年七月），頁一八三～一九一。

❷　見瞿海源，〈臺灣與中國大陸宗教變遷的比較研究〉，收於林本炫編譯，《宗教與社會變遷》（臺北，巨流，一九九三年十一月），頁

的道德復振運動，但是這些道德復振教派所採的手段卻是十足的形式主義，因此在其不同的儀式下所表現卻反而是滿足現實需求的種種行動，包括積極服務、刻苦經營，發揮相互支援的企業精神，從事各種連鎖性企業的積極經營等等」❷，現在根據上述的觀點，應該都可以給予「合理」的解釋。

佛教向來被認為是一種「神祕型宗教」❷，所講究的修行（坐禪、冥想等身心冶鍊）較少耗費能量❷，對財富自然也無所貪求。但在演變的過程中，卻越來越耗費能量（佛教徒要擔負甚多工作，食衣住行育樂方面的耗費跟常人無異），越來越離不開財富（據為擴大勢力和從事社會福利、教育、醫療、救濟等慈善、文化事業）；而「佛教寺院產業因為沒有分遺產這件事，所以資產日積雄厚，可以用作資本龐大的生產事業，例如建造油壓機、碾碚等等（按：這是指早期的事）。這些都是賺錢的事業，所以寺院日趨富有。後來寺院錢財有直接用來作買賣的。矛盾的關係站在這一點上：一個由棄世者組成的團體，竟然變成了資本主義誕生的溫床」❷，

三九九。

❷　見李亦園，〈臺灣民間宗教的現代趨勢──對彼得柏格教授東亞發展文化因素論的回應〉，收於注❷所引黃紹倫編書，頁一二六～一二七。

❷　參見秦家懿(Julia Ching)、孔漢思(Hans Küng)，《中國宗教與西方神學》（吳華主譯，臺北，聯經，一九九三年三月），頁一一〇。

❷　參見雷夫金(Jeremy Rifkin)，《能趨疲：新世界觀──二十一世紀人類文明的新曙光》（蔡伸章譯，臺北，志文，一九八八年九月），頁三五五～三五七。

這是始料所不及的。雖然經由本章的分辨可以看出佛教追求財富是一種不得已的作法，但基於佛教所以為佛教還是要靠它的教義來支持，總不能繼續深化內在的矛盾而仍然可望獲得外在信仰者的無條件事奉。換句話說，佛教有必要來化解這個潛在的危機。

這首先要改變一個觀念：就是以勸募或經營事業而得到的財富用來布施、行善，固然是一件不容易才有的功德（這裏暫時撇開「財施」和「法施」的兩難問題），但不如協尋受施者的困境所在，共謀解決辦法，而不是一味持救濟態度而增長受施者等待救濟的僥倖心和惰性（正如上面所引佛經說的「財施但唯增長於色」、「財施唯伏貪愛」）。因為受施者所以需要救濟，可能是政治或社會因素造成的，也可能是自己缺乏謀生能力或不肯自謀生計，佛教在布施前應該先理解究竟是什麼原因造成，才不致形成「濫施」局面而浪費社會資源。

其次，多集中力氣於「強壯」自己（包括教義教理的精研和教團或叢林制度的精實，並提供現代人修鍊的「優質」場所），以此獲取應有的尊榮、地位、權力（可以不必強調它），才不會淪於世俗企業般「貪得無厭」的聚集財富的末路。

以上是顧及佛教教義的優質性，實在不能同流俗一樣不去理會財富的「致礙」性（一旦涉及言說表述，就會立顯扞格）而設想出來的可能的化解途徑，佛教中人或關心佛教的人，何妨勉力試一試！

---

❷　見注❷所引徐佩明文，頁二四四。

第五章　當代佛教義理詮釋的走向及其問題

一、一個詮釋方法論的反省

　　佛教義理普遍被認為繁賾難解。因為這不只要考慮從原始佛教到部派佛教（小乘佛教）、大乘佛教及其衍生宗派的流變，還得顧及各種語文版本（如梵文、巴利文、藏文、漢文、日文、英文等版本）的差異，任誰窮一生精力也尋繹不盡。但許多人又孜孜不倦的在作詮釋的工作，同時也有不少人撰文在討論詮釋該當如何的問題，看來佛教義理又並不如想像中的那樣難有「歸宿」。這中間究竟是怎樣得到「聯結」的？而這種「聯結」又有什麼問題存在？顯然對這類課題的反省，要比直接面對（詮釋）佛教義理來得具有優先性和迫切性。也就是說，今人是否必要在既有的詮釋案例外再添一個詮釋案例，那就得先有詮釋方法論的自覺。

　　當然，這並不是說前人都欠缺這種自覺。如佛陀寂滅後的佛教分裂為各種部派，根本原因就是在於彼此對教義的詮釋不同❶；而爾後所出現大小乘的對立以及各宗派的流布，

------

❶　參見呂澂，《印度佛教史略》（臺北，新文豐，一九八三年一月），頁二四～四六。

也是基於同一個緣故。又如近代以來中國某些佛教思想家（如歐陽漸、呂澂、印順等）對傳統中國佛學的否定（而主張回歸印度佛學）❷，還有外國（如日本、英國、德國、法國、美國等）某些佛學學者不約而同的專取文獻學方法❸，所標示的也是「各有各的」詮釋方案。我們無法一概抹煞他們在從事詮釋工作前或多或少存在的反省工夫。只是他們所作的反省可能「還差一間」。因為他們約略只想到怎樣才能恢復佛教的真義或怎樣才能擴大解釋佛教的義理，而尚未進一步檢討恢復佛教真義或擴大解釋佛教義理如何可能，以及恢復佛教真義或擴大解釋佛教義理到底有什麼意義（價值），以至遲滯了相關方法論的建構。

我所以這樣說，基本上有兩個學術系統可以藉來對照，而凸顯既有佛教義理詮釋的「素朴性」：一個是西方從傳統詮釋學到哲學詮釋學以及方法詮釋學和批判詮釋學所模塑的詮釋學深度和廣度❹，佛學界還沒有人（或很少有人）嘗試將它應驗在教義的詮釋上；另一個是西方當代繼結構主義後興起的解構主義對「邏各斯中心主義」的顛覆所帶給詮釋學的重大打擊❺，佛學界更沒有人因此而懷有相對的「危機意識」，

---

❷ 參見藍吉富，《二十世紀的中日佛教》（臺北，新文豐，一九九一年十月），頁一～一八。

❸ 參見吳汝鈞，《佛學研究方法論》（臺北，學生，一九八九年九月），頁三～三五。

❹ 參見沈清松，〈解釋、理解、批判──詮釋學方法的原理及其應用〉，收於臺大哲學系主編，《當代西方哲學與方法論》（臺北，東大，一九八八年三月），頁二一～二七。

進而改變或調整舊有的詮釋策略。面對這樣的情勢，有誰敢說不需（積極的）加入方法論的反省，就可以使佛教義理詮釋得到有效的開展？可見本章選定這個課題來討論，有它特殊的時代意義。換句話說，今後有關的詮釋工作，也得跟其他學科（如哲學、歷史、文學、藝術、社會等）的詮釋工作一樣，要植基在方法論的礎石上，才能保證它當下的必要性和未來發展的無礙性。而為了避免流於枝蔓，本章就從當代佛教義理詮釋的走向切入，並指出它的問題所在，然後試著給予一些暫定的解答，或許有助於大家改變（不合時宜的）觀念。

二、　當代詮釋理論的發展概況

在實際整理、審視當代佛教義理詮釋的走向及其問題前，理當先將當代的詮釋學狀況概略的作一鋪展，以便後面的論述有所「依據」。雖然詮釋學發展到今天已經面臨一些內在的瓶頸（無法自圓其說）和外在的困境（來自解構主義的威脅）❻，但它所提供給人有關詮釋方面的訊息仍然很多；而如果說我們有辦法突破或化解詮釋學所遇到的瓶頸和困境，那自然也就解決了佛教義理詮釋的出路問題，所以這裏有必要專列一節加以討論。

---

❺　參見王岳川，《後現代主義文化研究》（臺北，淑馨，一九九三年二月），頁六三～六八。

❻　詳見本書導論〈詮釋的新向度——從既有的詮釋理論談起〉，對這些問題有專門的討論。

當今所見詮釋學所討論的對象，主要有三部分：第一是
詮釋的本身是什麼；第二是詮釋的對象有那些；第三是詮釋
的實踐如何可能。第一部分，向來有兩種不同的主張：一種
是把詮釋當作解說某一對象時的智力操作，本身具有認識論
和方法論上的意義；一種是把詮釋當作彰顯存有的方式，本
身具有本體論上的意義。前者從古希臘人的解說神諭到中古
時期人的注釋《聖經》到近代狄爾泰 (Wilhem Christian
Ludwig Dilthey) 確立為人文科學特殊的方法等所謂傳統詮釋
學，都這樣看待或實際體現著；後者從當代海德格 (Martin
Heidegger)受到胡塞爾(Edmund Husserl)現象學的啟示而肯定
它為人存在的方式到伽達瑪(Hangs-Geog Gadamer)繼承海德
格說法而強調它的普遍性等所謂哲學詮釋學，也一致的深信
不疑並有意取代前說❼。然而，這兩種主張並不如一般人所
認為的足以構成相互的對立。因為它們真正的差別在於詮釋
所要瞭解或獲得的對象（詳下），而不在於一個是人文科學的
一般方法而另一個是彰顯存有的方式❽。

---

❼ 參見帕瑪(Richard E. Palmer)，《詮釋學》(嚴平譯，臺北，桂冠，
一九九二年五月)，頁一三～八二。

❽ 這從哲學詮釋學另一個代表人物呂格爾 (Panl Ricoeur) 試圖把兩
種詮釋理論結合在一起（將認識論上和方法論上意義的詮釋嫁接
在本體論上意義的詮釋上，從而藉由語言表面意義的解析以達到
對語言深層意蘊的把握）（參見張汝倫，《意義的探究──當代西
方釋義學》(臺北，谷風，一九八八年五月)， 頁一六二～一九
五)， 就可以看出一斑（因為不論是語言的表面意義，還是語言
的深層意蘊，都可以構成詮釋的對象）。

　　第二部分，理當可以再分成詮釋所要實踐或作用的對象和詮釋所要瞭解或獲得的對象兩部分。前者有所謂語言性符號和非語言性符號的區別，而通常都專指語言性符號；正是它建構了人文科學、社會科學和自然科學等精神和物質的世界。後者就是揭示自語言性符號所擁有或所蘊涵的「意義」，這一部分最多爭論：如在語言哲學上，就有「指涉論的」（把語言性符號的意義看作是它所指涉的東西）、「意念論的」（把語言性符號的意義看作是使用它的人的意念）和「行為論的」（把語言性符號的意義看作是接受它的人的反應）等不同的取向❾；但這都還沒有涉及體現在語言性符號中有關存有者（人）的存在活動（世界觀和存在處境）和存有者所不自覺的個人潛意識（慾望和信念）及集體潛意識（社會的價值觀和社會關係）等，它們經由哲學詮釋學和批判詮釋學的發露後❿，也應該一起併入「意義」的行列。以上這些雖然不足以充作詮釋所要瞭解或獲得的對象全部⓫，但一般詮釋者所

---

❾　參見艾斯敦(William P. Alston)，《語言的哲學》(何秀煌譯，臺北，三民，一九八七年三月)，頁一五～四六。

❿　參見注❹所引沈清松文，頁二九～三一；周慶華，《秩序的探索──當代文學論述的省察》（臺北，東大，一九九四年十一月），頁二二五～二二九。

⓫　據說皮爾斯(Charles Sanders Peirce)曾經統計過「意義」將近有五萬種，後來減縮為六十多種（參見葉維廉，《歷史、傳釋與美學》（臺北，東大，一九八八年三月），頁三〇）。這不論有沒有盡包含本章這裏所列的這些「意義」，都顯示詮釋所要瞭解或獲得的對象「無可限定」（會不斷的衍生或增長）。

關注或在意的幾乎都在這裏了。因此，我們一方面固然要承認詮釋所要瞭解或獲得的對象不可窮盡，另一方面也得接受以上這些在詮釋所要瞭解或獲得的對象中所具有的「優先地位」。

第三部分，關係到詮釋者所據以為從事詮釋工作的資源或智能問題。這在過去有兩種「詮釋循環」說：一種是就語言性符號被詮釋時的現象來說，個別詞語的意義必須在瞭解或獲得文本整體的意義後才能瞭解或獲得，而在瞭解或獲得文本整體的意義前又必須從個別詞語開始，這同時還要受到詮釋者個人所擁有的知識和經驗的制約⓬；一種是就詮釋作為存有的本體論特徵之一來說，文本的意義結構全緣於詮釋者由「前有」（包含具歷史縱深和存在廣面的前有）、「前見」和「前設」等所構成的前結構⓭。前者由傳統詮釋學所提出，後者由哲學詮釋學所提出，大體上都滿符合「事實」的。但我們不必將這兩種詮釋循環說視為彼此對立，反而要把它們合併來作為詮釋所以可能的理論基礎（可以用來解釋針對不同對象而進行的詮釋活動）。

以上三部分，如果我們不合著看，也許不會再發現什麼問題，可是一旦合著看，那就有個「重大」的問題要出現了。當一個詮釋者想去詮釋某一對象時，他正好也意識到該對象不過是前結構中的東西（而不關語言性符號是否含有它或使用語言性符號的人是否構設它），這豈不是一大「悖論」? 詮釋學家們似乎還沒有看出（或不理會）這個紕漏，到現前為

⓬　參見注❽所引張汝倫書，頁三七。

⓭　同上，頁一〇五～一一〇、一二二～一三〇。

止它仍得算作詮釋理論的一個盲點。本來個人也沒有辦法消除這樣的悖論，但想到詮釋者從事詮釋工作多少是為了遂行權力意志（藉詮釋結果來樹立權威或獲取利益或行使教化）而不只是單純的「要」瞭解或獲得某一對象，於是任何有關（詮釋對象）的宣稱，都不妨把它歸為權力意志下的「策略運作」，從而將該悖論「化解」或「存而不論」。

　　此外，現有的詮釋學還得面對解構主義的挑戰或威脅。先前後結構主義所提出的「文本互涉」(intertextuality)觀念❶，已經帶給詮釋學某種程度的「難堪」；接著解構主義更以「延異」(différance)觀念❶，直接「瓦解」了詮釋學的各種預設。換句話說，如果照解構主義的講法，文本只是一「歧異的網絡」，其中的「意符」無限地指涉到異於自身的其他意符，而造成終極「意指」（意義）的出現不斷地延後，使得詮釋學所假定的種種詮釋對象及其相關的論說都會變成「不可能」。這的確是詮釋學的「生死關頭」，不是憑著「意氣之爭」就可以挽救（而必須有理論相說服）。 然而，解構主義在解構他者的同時也在自我解構，這樣它的效力就不是十分足夠；況且大家對於語言性符號還無法「接受」它只是個物質存在而不關聯到跟人牽涉的各種精神意涵（如上面所述那些）。因此，兩相權衡的結果，只有以「權宜性」概念作為重新思考類似問題的起點❶，而往後的所有詮釋活動就可以在宣稱或

---

❶　參見廖炳惠，《解構批評論集》（臺北，東大，一九八五年九月），頁二七二。

❶　同上，頁二。

❶　參見注❶所引周慶華書，頁一三～一五。

標示「權宜性的策略運作」下繼續進行。同樣的，今後有關
佛教義理詮釋的討論，也得通過這類的反省，才能確定未來
發展的方向。

三、 當代佛教義理詮釋的兩條進路

從佛教本身作為一個「宗教」來看，所有關涉義理詮釋
的課題，很可能會被接上個體的信仰或某些神祕的體驗，而
降低了加以（學術）分析的可能性。如果是這樣，任何的言
說（尤其是後設性的言說）自然是多餘或必須終止。但相對
的來說，不能分析的東西是否存在或是否能被人掌握，卻也
是個問題。與其浪費時間在無益的爭辯上，不如實際一點直
就詮釋現象給予討論。有了這個前提（或聲明）， 我們就可
以比較沒有「顧忌」的來爬梳當代佛教義理詮釋的走向。

大體上，在這裏沒有必要把一些通常性的「作為」（如
概論佛教義理、譯述佛教義理等）也納進來描繪。縱然這些
作為不無涉及詮釋問題而有待反省和評估❼，但它幾乎是歷
代都有（不足以顯示就本論題來說的當代特殊性）， 所以只
好暫時擱置不談。不過，這也並不表示除了這些通常性的作
為，其餘都是這裏所要或必須加以陳述的。畢竟我們沒有能
耐觀遍所有非通常性的作為（更何況所謂「非通常性的行為」

---

❼ 詮釋一詞，在古代的用法中本有三個基本意義取向：一是說話(陳
　述)，二是說明（推理或斷言）， 三是翻譯（語言轉換）（參見注
　❼所引帕瑪書，頁一五）。因此，有關佛教義理的概論或譯述，自
　然也是詮釋的一種形式，而可以由詮釋學的理論來加以檢驗。

的定義很難做得精密)，　到頭來只有約略的選擇一些「相對重要」的進行考察。

　　由這個立場出發，我們不難發現佛教義理詮釋在當代有兩條明顯的進路：一條是基於「維護」佛教義理而設，一條是基於「創新」佛教義理而設。前者又可以分出三種情況：第一是根據所見佛教文獻，從事佛教義理的條理說明工作(如唐君毅、牟宗三、方東美等人的作法)，取徑略仿於天臺宗、華嚴宗的「判教」而更形精密；第二是專取可以代表純正佛教義理的文獻加以論析（如印順的作法），　有意標榜佛法的本來精神（面貌）；第三是運用文獻學（主要是目錄學和語言學）方法來對佛教義理進行真確的解釋（如歐美日一些佛學學者），　試圖樹立客觀研究的典範。後者也可以分出三種情況：第一是將「原」佛教義理「導向」不同的層面（如熊十力提出「新唯識論」以對治「舊唯識論」）；　第二是將「原」佛教義理加以全面性的「改造」（如吳汝鈞對唯識宗「轉識成智」理論困難的揭露和消解）；　第三是在「原」佛教義理的基礎上尋求新的「開展」（如傅偉勳對大乘佛教義理所作「創造性」的詮釋）。　這兩條詮釋路向，跟古來由部派佛教及大乘佛教所開啟為恢復佛教真義和擴大解釋佛教義理兩種詮釋方案❶，並沒有本質上的差別；但學者們所作的越來越趨向「理論化」(可供客觀的檢驗)及廣結其他學科的資源(特別是研究方法)，　所展現的形態已大為不同。因此，　無妨它

---

❶　有關這兩種詮釋方案的概況，參見鄭金德，《現代佛學原理》（臺北，東大，一九九一年八月），頁五八～六七；方立天，《佛教哲學》（臺北，洪業，一九九四年七月），頁二〇～二八。

們可以獨佔在這個時代才有的「特殊性」。而為了進一步瞭解這兩個詮釋路數的內涵，底下就分別將該詮釋運作的實際情況略加鋪展：

首先看走「維護」佛教義理的詮釋路數。這在上舉那些代表人物唐君毅、牟宗三、方東美、印順和歐美日一些學者❶的作法又互有差異：其中唐君毅有《中國哲學原論（原道篇）》卷三、牟宗三有《佛性與般若》、方東美有《華嚴宗哲學》和《中國大乘佛學》等書專論中國佛學，都是直就中國佛教文獻進行尋繹條陳（偶而雜有西方哲學的「對諍」），於佛教義理的流變及其終極歸趣的辨析著力特多；而印順一向主張回歸印度佛教，所著《印度佛教思想史》、《印度之佛教》、《空之探究》及《妙雲集》各書（甚至《中國禪宗史》辯達摩禪如何的中國化），都體現了一貫的「佛法應只此一號」的詮釋旨趣；至於歐美日一些學者普遍通曉梵、藏、巴利文，對於佛教原典（梵文）、後期大乘佛教文獻（藏譯）和南傳佛教文獻（巴利文）等，都能詳加比對而給各學派作一個「還其本來面目」的描述。雖然學者的作法不盡相同（內容當然也互有歧異），但彼此為使「佛教義理如其佛教義理」的用意卻是一致的❷。這也就是本章要把它們同歸為「維護」佛

---

❶ 參見注❸所引吳汝鈞書，頁九七～一○二。

❷ 牟宗三《佛性與般若》書中有段話頗能揭示這一點：「近人常說中國佛教如何如何，印度佛教如何如何，好像有兩個佛教似的。其實只是一個佛教之繼續發展。這一發展是中國和尚解除了印度社會歷史習氣之制約，全憑經論義理而立言。彼等雖處在中國社會中，因而有所謂中國化，然而從義理上說，他們仍然是純粹的

教義理的詮釋路數的原因❹。

　　其次看走「創新」佛教義理的詮釋路數。嚴格說來，這
個路數不能只從詮釋的角度去看它。因為它所作的（到了最
後階段），已經兼及評價。換句話說，當學者在說「佛教義
理該如何如何」時，顯然是越過了詮釋層次（而在進行價值
判斷了）。這在上舉那些代表人物熊十力、吳汝鈞和傅偉勳
的作法也各有懷抱：其中熊十力認為無著、世親所建立的唯
識學把本體（真如）視為寂靜而無生滅變化是一種錯誤（他
對《般若經》和龍樹等印度論師所建立的空宗思想和證入的
本體也批判它偏於空寂），因而力力主張重立類似《周易》、
《老子》（有一能起生滅變化的本體）那樣的「新唯識論」，
他所著《新唯識論》（有文言、語體兩種文本）一書最終就
是要把「舊唯識論」轉個方向；而吳汝鈞對於唯識宗的成佛
理論（轉識成智）中的「無漏種子經驗本有和待外緣而現起」
說頗不以為然，而以「無漏種子超越本有和自緣而現起」說

　　　佛教，中國的傳統文化生命與智慧之方向對于他們並無多大的影
　　　響，他們亦並不契解，他們亦不想會通，亦不取而判釋其同異，
　　　他們只是站在宗教底立場上，爾為爾，我為我……我非佛教徒。
　　　然如講中國哲學史，依學術的立場，則不能不客觀……。(見牟
　　　宗三，《佛性與般若》（臺北，學生，一九八四年九月），序，頁
　　　四～五)其他人自然也可以做效這段話，為自己所作的作點辯白。
❹　本章所說的「維護」，只標示「還其如實的存在」，並不含有「只
　　　有佛教義理才是最好」的意思。如有人站在護教立場作這樣的宣
　　　判（佛教義理最好），那已經牽涉（跟其他宗教比較）價值問題
　　　（而不只是詮釋問題），另當別論。

來消解它理論上的困難，這樣就不只是在為舊義理修正觀念或加入新的觀念，而是在為舊義理作一徹底改頭換面的工夫，他所著〈唯識宗轉識成智理論之研究〉長文（收於《佛教的概念與方法》）雖然沒有「做完」這件工作，但也明白的點出該一訊息；至於傅偉勳所作的就特別多了，他先建立一個包含「實謂」（原思想家實際上說了什麼）、「意謂」（原思想家想要表達什麼或他所說的意思到底是什麼）、「蘊謂」（原思想家可能要說什麼或原思想家所說的可能蘊涵是什麼）、「當謂」（原思想家應當說出什麼或詮釋者應當為原思想家說出什麼）以及「必謂」（原思想家現在必須說出什麼或為了解決原思想家未能完成的思想課題而詮釋者現在必須踐行什麼）等五個層次的所謂「創造的詮釋學」❷，然後對大乘佛學進行一番從「依文解義」到「依義解文」的開展式的詮釋，具體成果已經呈現在他所著《從創造的詮釋學到大乘佛學》一書中。以上這三種作法縱使難有相互會通的可能（各自取徑有別），但彼此卻也體現了學者想要「救活」佛教義理的願力，所以無疑的可以把它們一起歸入「創新」佛教義理的詮釋路數。只是這終究是「別體」（「混」評價為詮釋），討論前得

---

❷ 根據傅偉勳自己的說法，這一「創造的詮釋學」是從現象學、辯證法、實存分析、日常語言分析、哲學詮釋學理路等等現代西方哲學中較為重要的特殊方法論之一般化過濾，以及跟我國傳統以來的考據之學和義理之學乃至大乘佛學涉及方法論的種種教理之間的融會貫通，而可以作為一般方法論（見傅偉勳，《從創造的詮釋學到大乘佛學》（臺北，東大，一九九〇年七月），頁九～一一。

先分辨清楚。

其實，如果把前一詮釋路數再加評價，也很可能演變成後一詮釋路數（而事實上走前一路數的學者也不是全不加評價，只是評價（如「判教」）並不給原作增加或減少什麼）；或者把後一詮釋路數減去評價，而自然變成前一詮釋路數，這樣本章所作的區分就沒有什麼意義了。話是這麼說，但我們最需要知道的是這類的詮釋路數到底存在什麼問題，而不是這類的詮釋路數彼此的「分合關係」。因此，這裏不妨就越過它（兩種詮釋路數的「牽扯」問題），而直探該詮釋路數所隱含的問題。

四、兩條詮釋進路所隱含的問題

站在「維護」佛教義理立場而從事詮釋工作的學者，基本上都假定有所謂佛教「真義」的存在；而站在「創新」佛教義理立場而從事詮釋工作的學者，基本上也都假定「擴大」（包括導向、改造和開展）佛教義理是可能的（當然他也得先假定佛教「真義」的存在），而問題也就在這裏。

首先，佛教「真義」要如何判定？依照學者們的作法來看，佛教「真義」是在比對分析各種佛教文獻後獲得的，那麼作為判定佛教「真義」的標準就是佛教文獻了。可是佛教文獻所以有「意義」可說（或可印證），卻必須經由人的理解和認定，這樣判定佛教「真義」的標準就不是佛教文獻而是人的智能了。現在學者斷斷爭辯佛教「真義」該當如何，豈不是白費心力？因為所謂佛教「真義」，都只是各人心中

的佛教「真義」（而不關大家所「幻想」的那個客觀存在、可供檢驗的佛教「真義」），誰能「強迫」別人接受他所意識或所肯認的佛教「真義」（連帶膨脹為具有客觀性的實體存在)?如果真要強調這佛教「真義」不是人的自由胡謅而是「確有」文獻根據，那也只能說它最多擁有「相互主觀性」（能獲得多數人的認同)❷❸，而不可能擁有「絕對客觀性」。因此，任何想要恢復佛教「真義」的詮釋者，他所得面臨的是終將找不到一個客觀的判定標準。至於想要「擴大」佛教義理的詮釋者，情況也相仿；並且他不但無法獲得判定「擴大」佛教義理的客觀標準，連他立言的基礎（「原」佛教義理）也無法獲得判定它是否如實的客觀標準。

其次，語言都具有「延異性」（正如解構主義所指出的），每一個「意指」同時又是一個「意符」，每一個「概念」同時指向其他的「概念」，而造成不斷地「自我解構」。於是學者所宣稱的佛教「真義」或「新義」，勢必也要無限地延後(以至無所謂「真義」或「新義」的存在)。如佛教所說的「涅槃」（梵語 nirvāna、巴利語 nibbāna的音譯，又音譯作泥日、泥洹、涅槃那、涅隸槃那；漢譯為滅、滅度、寂滅、不生、圓寂❷❹)，不論學者把它解釋為絕對寂靜境界，還是解釋為不生不滅境界，或是解釋為諸法實相，它的指意都不可能就此固定下來。因為所謂「絕對寂靜境界」、「不生不滅境界」、「諸

---

❷❸　這是語言性符號「意義」判定的通例（參見何秀煌，《記號學導論》（臺北，水牛，一九八八年九月)，頁二三。

❷❹　參見吳汝鈞，《佛教的概念與方法》（臺北，商務，一九八八年九月)，頁三四九。

法實相」都還需要再解釋（又指向別的概念）， 類似這樣追究下去，永遠沒有窮盡。最後我們所看到的將是「涅槃」和無數的概念相互指涉，而不是像一般人所想像的必有個終極的指意❷。又如佛教所說的「空」（梵語 śūnya或 śūnyatā），不論它是指存有論上的概念（空性）， 還是指方法論上的概念（空觀）❷，我們加以追問的結果也會出現像「涅槃」那樣的情況（就以存有論上的「空」為例，它只能跟「無自性」、「無獨立實有」、「（諸法緣起，所以）沒有本質」……等等相互指涉；而每一個概念又有其他概念相互指涉，形成一個不知起點也不知終點的指意連鎖）。 這麼一來，學者們所發掘的佛教「真義」或「新義」，也就禁不起大家採用這種方式輕施索問了。然而，學者們似乎還沒有感受到這個「危機」，而仍自信滿滿的繼續他們的詮釋工作或為他們的詮釋工作辯護。

除了以上兩個問題，學者們對於西方詮釋學所開發的詮釋廣度（詮釋對象的增多）和深度（詮釋層次——由語言性

---

❷ 此外，還有人認為類似「涅槃」（或自性）這樣的概念，象徵或表示絕對的本體，不可言說，也不可思議（參見巴壺天，《禪骨詩心集》（臺北，東大，一九八八年九月）， 頁一〇），這也頗有問題。因為既然用「涅槃」來指涉，就已經思議和言說了，那裏還有不可思議和不可言說的東西？如果這是要說人體驗到某一境界，無以名狀，姑且以「涅槃」稱呼，那倒有可能。但這已涉及「體驗」的問題，不能再跟「言說」的問題混在一起。

❷ 關於「空」分屬存有論上和方法論上的用法，參見陳沛然，《佛家哲理通析》（臺北，東大，一九九三年十月），頁二一～二四。

符號的表面意義到深層意蘊——的疊厚)， 也沒有什麼明顯的感應，而無法取得「同步」的發展。不過，這並不重要(因為詮釋者有權選擇詮釋對象或詮釋層次，不一定要「面面俱到」)，重要的是學者們如何面對上述的問題，而想出有效的對策，「重新」來詮釋佛教的義理。在這裏，個人雖然無法預測學者們會怎樣思考這個課題，卻願意做效野人獻曝提出一個或許有效的解決方案。

五、 可能或必要的因應策略

這個方案不是別的，正是前面（第二節）所說的以「權宜性的策略運作」來宣稱或標示所作的佛教義理詮釋。由於它是一種「策略運作」，「必然」關聯詮釋者的權力意志(這權力意志可能也會帶有「集體性」)，所以該爭論的是那權力意志「恰當」或「合理」與否，而不是所詮釋的佛教義理「精確」或「妥適」與否。也由於這種「策略運作」是「權宜性」的，所以展現出來的詮釋結果就不為典要，而所隱含的權力意志也可以隨人意會（詮釋者可以為它辯白而其他人也可以為它爭議，但不要「妄想」有所謂的「是」或「非」)。如果還有可以致力的，那就是「完密」詮釋的程序（採用高度可靠的前提和進行相干且有效的推論）及「新展」詮釋的對象（不要只限於目前所見「實謂」、「意謂」、「蘊謂」等等那幾樣)。 前者有助於使詮釋結果獲得更多人的肯定或贊同，而後者有益於他人的觀念受到啟迪（而自己不致落得蒙人「不過是拾人牙慧」或「了無新意」之譏)。

　　如果大家真能走出舊有的詮釋路數，而對本章所提供的方案稍加青睞,很可能會發現它將帶來兩個額外的「好處」：

　　第一，可以運用它來重新審視歷來的詮釋策略而有更深的理解（過去有些人只會責怪從部派佛教以下違離了原始教義的各種詮釋方案，而不知道那些詮釋方案背後可能隱藏著激烈的「權力衝突」呢）。

　　第二，可以運用它來開展新的詮釋策略而更有利於生存（不但清楚詮釋所要「影響」的對象，也瞭解如何修正或改變詮釋策略以回應該對象的「心理異動」而促成人際關係的良性發展）。

　　但倘若有人「動歪腦筋」， 專門「尋隙」而以它來使人「蒙難」或「致災」，固然那也算是一種「求生之道」，卻很難令人信服而會自動降低它的「可愛性」。 不論如何，今後的佛教義理詮釋不重新設定一個起點，恐怕就沒得對它有什麼好「指望」了！

第六章　佛教的「不可說」辨析

一、「不可說」概況

　　佛教以第一義諦「緣起性空」示人，又標榜「涅槃境界」或「佛國淨土」為修行的最高蘄嚮，遠非其他宗教所能想像（比擬），可說已經獨步千古，至今仍為世人所津津樂道。只是佛教所留下的經典，並沒有為「緣起性空」和「涅槃境界」或「佛國淨土」兩個範疇間作一有效的聯結，以至不免留給人有難以自圓其說的感覺❶。而這似乎到了佛教論師手裏或佛教各宗派出現後，才得著些微的補苴罅漏。所謂「大聖說空法，為離諸見故；若復見有空，諸佛所不化」❷、「觀生死即涅槃，治報障也；觀煩惱即菩提，治業障煩惱障也」❸等

---

❶ 如一位論者就說：「原始佛教宣揚人生『無常』，一切現象都是緣起的，互為因果的，但同時又宣稱理想中的涅槃是超越緣起的永恆存在，這就前後矛盾，難以自圓其說了」（見方立天，《佛教哲學》（臺北，洪業，一九九四年七月），頁二○。

❷ 見《中論》卷二，《大正新脩大藏經》（以下簡稱《大正藏》）（臺北，佛陀教育基金會，一九九○年三月）卷三○，頁一八下。

❸ 見《法華玄義》卷九上，《大正藏》卷三三，頁七九○上。

等，無不是在暗示人要不執著空或無住於涅槃而達到較高的真理層面❹，以便「避開」原始論說所顯現的矛盾。然而，這也只是遣離問題，並沒有解決問題。畢竟它還有「較高的真理」在（即使那「較高的真理」無限延後），依然得踟躕在語言文字的迷障中。

就實際的層面來看，最大的迷障還在於佛教常以「不可說」或「不可思議」來回應外界的質疑❺：「文殊師利法王子菩薩白佛言：『世尊，若有言語則有滯礙，若有滯礙則是魔界。若法不為一切言說所表者，乃無滯礙。何謂法不可言說？所謂第一義。其第一義中亦無文字及義。若菩薩能行第一義諦，於一切法盡無所行，是為菩薩能過魔界，無所過故』」❻、「如佛所說，四種境界不可思議：一者業境界不可思議，二者龍境界不可思議，三者禪境界不可思議，四者佛境界不可思議」❼。這不只會給旁人增添理解佛教上的困難❽，也會

---

❹ 參見楊惠南，《龍樹與中觀哲學》（臺北，東大，一九九二年十月），頁六七～八九；吳汝鈞，《佛教的概念與方法》（臺北，商務，一九八八年九月），頁六三～七三。

❺ 除了「不可說」、「不可思議」外，佛教也間用「不可數」、「不可稱」、「不可量」等語來表述。見《大方廣佛華嚴經》卷四五，《大正藏》卷一〇，頁二三七中。

❻ 見《大方等大集經》卷一八，《大正藏》卷一三，頁一二三中。

❼ 見《大寶積經》卷八六，《大正藏》卷一一，頁四九三下。

❽ 《大寶積經》卷八六載：「若如來於一切法不可言說，無名無相，無色無聲，無行無作，無文字，無戲論，無表示，離心意識，一切言語道斷寂靜照明，而以文字語言分別顯示，一切世間所不能

給佛教自己帶來「窮於彌補」的窘境❾。因此，像《大方廣佛華嚴經》中所載數百件情事或意境不可說❿之類，讓人除了嘆為觀止外，實在難以領會其中的奧妙。

一般學者在面對這個關節時，說詞往往也是「剪不斷，理還亂」，如「蓋謂可以言語文字發表者，全為現象界之事；實在者決不可得而寫象也。又實在與現象，或云同，或云異，云一，云不一，皆不得當。又謂有謂空、亦有亦空、非有非空、謂圓、謂真、為善，皆非實在之真相。是等意義，各經論皆有之。如法相宗謂廢詮談旨；三論宗謂言亡慮絕；天臺宗謂百非俱遣，四句皆離；禪宗不立文字；華嚴宗謂果分不

解。」（《大正藏》卷一一，頁四九三上）果真如此，豈不向人宣告佛教不可理解？

❾　《維摩經玄疏》卷一說：「此經淨名默然杜口，即是《大涅槃經》明四不可說意也。四不可說者：一生生不可說，二生不生不可說，三不生生不可說，四不生不生不可說。此即是約心因緣生滅即空即假即中四句不可說也。而得有四說者，皆是悉檀因緣赴四機得有四說也。」（《大正藏》卷三八，頁五二一下）這在解釋《大般涅槃經》「四不可說」和「得有四說」（詳見該經卷一九，《大正藏》卷一二，頁七三三下～七三四上）上，似乎有意要區分「內證面」和「教法面」的不同（參見黃懺華等，《中國佛教教理詮釋》（臺北，文津，一九九〇年七月），頁八三），但從方法論的角度來看，這是無效的。因為內證面倘若不可說，教法又如何能保證可引人趨入內證面？佛教中人凡是嘗試要彌縫這類問題的，都得面對同樣的困窘。

❿　詳見《大方廣佛華嚴經》卷四五，《大正藏》卷一〇，頁二三八中～二四一上。

可說；真言宗謂出過言語道；淨土宗謂不可稱，不可說，不可思議；皆知此般之消息者也」❶、「（《大乘起信論》云）『言真如者，亦無有相；謂言說之極，因言遣言；此真如體無有可遣，以一切法悉皆真故；亦無可立，以一切法皆同如故。』由此，結論謂：『當知一切法不可說，不可念故，名為真如。』『不可說』，『不可念』即法之實相非『認知對象』之意也。以上釋『真如』非『認知對象』外，同時亦點出『理論』之作用，即『因言遣言』；一切言說雖不能真描述此『真如』，但有破除妄執作用，故亦可方便施設：此亦即《大般若經》中說『施設言說』之意也」❷等，這不過是在作「語言替代」而已，並沒有釐清可說和不可說或可認知和不可認知之間究竟以什麼為分際，仍然深陷在佛教經論所築起的迷障而不可自拔。

我們想解開這個難題，顯然不能再順著已有的論說作思考，而必須別為尋繹和辨詰。換句話說，佛教的可說和不可說或可認知和不可認知之間，未必只是關涉一個現象（表象）和實在（實相）的問題，它還可能牽扯一個雙面性的「詭論」問題（詳後），這都需要勉力給予抽絲剝繭，才可望有助於關係佛教的認知體系的建構。

二、「不可說」的內在理路

❶ 見蔣維喬，《佛學概論》（高雄，佛光，一九九三年八月），頁四○〜四一。

❷ 見勞思光，《中國哲學史（第二卷）》（香港，友聯，一九八○年十一月），頁二九九。

　　儘管佛教所提及「不可說」或「不可思議」的對象難可
盡數，但最「不可說」或最「不可思議」的還是佛教所標榜
的最高境界，以及人所具有的達到該境界的潛能。《大智度
論》卷三〇說：

　　　經說五事不可思議：所謂眾生多少、業果報、坐禪人力、
　　　諸龍力、諸佛力。於五不可思議中，佛力最不可思議❸。

佛力，指的是佛陀圓滿成就十力，而它就是佛教的終極精神
指標（也就是前節所說的「涅槃境界」或「佛國淨土」）。在
一般人，照理也具有同樣的潛能（該潛能或稱佛性，或稱自
性，或稱法身，或稱真如，或稱如來藏，或稱清靜心，或稱
菩提，或稱涅槃，異名甚多），佛教的理論建構或佛陀的啟示
性言談才有可能。而這一部分，向來被認為是最「不可說」
或最「不可思議」的。本章就權以這一部分作為考辨的對象，
其餘可以依此類推。

　　在實際進行考辨以前，不妨站在「同情」（同其情）的
立場先將佛教「不可說」或「不可思議」的內在理路略作鋪
展，以便後面的談論得有較為具體的「據點」。這也許要從
一個典故看起：

　　　善男子！譬如有王告一大臣：「汝牽一象以示盲者。」爾
　　　時大臣受王敕已，多集眾盲，以象示之。時彼眾盲，各
　　　以手觸。大臣即還而白王言：「臣已示竟。」爾時大王，

───────────────
❸　《大正藏》卷二五，頁二八三下。

即喚眾盲，各各問言：「汝見象耶?」眾盲各言：「我已
得見。」王言：「象為何類?」其觸牙者，即言：「象形如
蘆菔根。」其觸耳者言：「象如箕。」其觸頭者言：「象如
石。」其觸鼻者言：「象如杵。」其觸腳者言：「象如木
臼。」其觸脊者言：「象如牀。」其觸腹者言：「象如甕。」
其觸尾者言：「象如繩。」善男子！如彼眾盲，不說象體，
亦非不說；若是眾相，悉非象者，離是之外，更無別象。
善男子！王喻如來正遍知也，臣喻方等《大涅槃經》。象
喻佛性，盲喻一切無明眾生❶。

就盲人來說，整體象是無法想像的，他所言表的只是象的局
部而搆不上象的整體；以此比喻著整全的佛性（佛法）是不
可說的（語言所不逮）。這也就是《自在王菩薩經》卷上所
說的：「法者，即是法性義；法性者，是不生性義；不生者，
是畢竟不起不作義。義者，是不可說義。何以故？以語說法，
法不在語中。是故以語示義，有所示說，皆非語非說。有所
分別，有所說者，即非佛法。無分別，無所說，即是佛法。
是故言：無說是佛法。」❷ 所謂「無說是佛法（佛性）」，不是
指「無說」本身是「佛法」，而是指「佛法」本身是「無（可）
說」的（它好比整體象在盲人是說不出的）。這假定了所出
示的語言（為眾生所施設使用）最多只對應著佛性的分別相，
至於佛性的實相則沒有任何語言可以跟它相對應。

　　佛教大概就從這個假定出發，而展開一系列「不可說」

❶　見《大般涅槃經》卷三〇，《大正藏》卷一二，頁八〇二上。

❷　《大正藏》卷一三，頁九二七上、中。

或「不可思議」的自我告白。而佛教的論師或研究佛教的學者在詮解時也大體不離這條思路，如「過一切語言道，心行處滅，遍無所依，不示諸法，諸法實相無初無中無後，不盡不壞，是名第一義悉檀。如《摩訶衍義》偈中說：語言盡竟，心行亦訖，不生不滅，法如涅槃。說諸行處，名世界法；說不行處，名第一義。一切實，一切非實，及一切實亦非實，一切非實非不實，是名諸法之實相」⑯、「凡是絕對的形上體不但不可言說，而且不可思議……因為既然它是絕對的形上體，如果我來看它、言說它，那麼我便成了能看見、能言說的主體，它便成了被我看、被我言說的客體，這樣就構成了主客能所的對立。因為至少有我這個看它的人、說它的人站在它外面與它對立，它就不是絕對的了。所以佛說第一義不可說，也是同樣道理。另外佛又說第一義不可思議。我們人類除了感覺器官之外，還有心靈，心靈便是思考器官……如果我用腦筋來思考它的道理，我是能思考的主體，道是被我思考的客體，同樣也構成了主客能所的對立」⑰等，這在切入點上雖然略有差異（前者直就第一義諦的超越性來說，後者先從語意分析「第一義諦」必屬絕對的形上體），但彼此說的都是同一件事。

　　由此可見，佛教說佛性的實相「不可說」或「不可思議」，是指沒有語言可以對應它或無法以語言形式來思議它（只能靠直覺或逆覺體證去領悟它⑱）。不過，就「佛性」等等的提

⑯　見《大智度論》卷一，《大正藏》卷二五，頁六一中。

⑰　見巴壺天，《禪骨詩心集》（臺北，東大，一九八八年九月），頁一三六～一三七。

出來看，已經是有所說了。這在佛教的解釋是一種方便施設，所謂「眾因緣生法，我說即是無。亦為是假名，亦是中道義」❶。假名（假借語言）為說，目的是要引導眾生❷；而眾生卻不能反過來把它當真看待。這好比道家所說的「道」，不是「常道」的道，我們不能以「常道」的道相比擬，因為它也是一種方便施設❸。

或許正由於言說是一種方便施設（總對應不了佛性的實相），所以佛教又更進一步發出一些形似詭論的說法，如「一切實非實，亦實亦非實，非實非非實，是名諸佛法」❷、「僧問：『和尚為什麼說即心即佛？』師（馬祖道一）云：『為止小兒啼。』僧云：『啼止時如何？』師云：『非心非佛。』」❷、「所以一切聲色，是佛之慧目。法不孤起，仗境方生。為物之故，有其多智。終日說，何曾說；終日聞，何曾聞。所以釋迦四十九年說，未嘗說著一字」❷。雖然這有「以言遣言」

---

❶ 參見陳沛然，《佛家哲理通析》（臺北，東大，一九九三年十月），頁一八七；上引巴壺天書，頁一三七。

❶ 見《中論》卷四，《大正藏》卷三〇，頁三三中。

❷ 參見《中論》卷四青目的註釋，《大正藏》卷三〇，頁三三中。

❷ 相對於佛教的說法，道家的說法似乎較審慎或較缺乏「自信」。這是從底下這段話看出來的：「有物混成，先天地生。獨立而不改，周行而不殆，可以為天下母。吾不知其名，字之曰道。」（《老子》第二五章）而到現在我們還沒有發現佛教有「吾不知其名，字之曰佛」一類的自白。

❷ 見《中論》卷三，《大正藏》卷三〇，頁二四上。

❷ 見《景德傳燈錄》卷六，《大正藏》卷五一，頁二四六上。

或「蕩相遣執」的用意在，但因為它不免太過詭譎，已經引起許多人「盡瘁於斯」而要替它說個明白。只是這並非本章的旨趣所在，不便加以討論。

三、「不可說」隱含的問題

如果採取同情的解說，佛教有關的「不可說」或「不可思議」課題，它的前提基本上是一個後設語言命題。在語言哲學裏，這種後設語言命題是以「O相對於L為不可說（不可言傳）」的形式出現，意思是O無法藉L表達。換句話說，所有有關O的語句沒有表達什麼事實或經驗。而這裏O可指現象、經驗或物體，如：

㈠二元論者也許會認為心靈的特性相對於生理學上的謂語而言是不可表達的。

㈡Predicate calculus相對於命題邏輯而言為不可表達。

㈢$\sqrt{2}$相對於有理數而言為不可表達。

㈣$X^2 = -1$相對於只有實數的數論而言為不可言傳。

㈤我們的確很容易想像地球上或其他星球上存在許多事物是我們做夢也想不到的。這些事物可以說相對於我們的語言而言是不可表達的[25]。

佛教認為佛性的實相「不可說」或「不可思議」，自然也可以作這樣的了解。但如果採取不同情的解說，它可能就

[24]　見《宛陵錄》，《大正藏》卷四八，頁三八五下。

[25]　參見黃宣範，《語言哲學——意義與指涉理論的研究》（臺北，文鶴，一九八三年十二月），頁一二八～一二九。

犯了跟同類型論述一樣的弊病，也就是把「不可說」弄得太模糊不清、太具伸縮性，以及似乎有把佛性的實相不可說解為「套套絡基」（沒有說什麼）的嫌疑。因此，為了避免這些弊病，不妨作些修正，使該命題顯得正確些或更可以理解，如：

　　㈠佛性的實相無法用非隱喻式方法加以刻劃。

　　或㈡佛性的實相無法像科學一樣作非常精確的描述。

　　或㈢佛性的實相只能用很抽象的詞語加以描寫。

換句話說，佛教不宜簡單地說「某某不可說」，除非事先弄清楚什麼才算是可以說的東西或現象，或什麼樣的謂語、刻劃等是不可說論者可以容許或不可以容許的謂詞❷⑥。

　　雖然如此，本章還不能僅止於這類（語言層面）的考辨，因為這不過是在「釐清」或「補充」佛教的說法，看不出可以從中產生或形塑一些建設性的意見作為「對諍」。那麼佛教的說法究竟還有什麼問題存在？依個人所見，這裡隱藏了一個佛界中人未必會自覺的雙面性詭論。首先，這種詭論不是可以用別的辦法消解的「存有詭論」❷⑦。後者是當人們嘗試將所謂神祕的終極真實或全體真實等不可思議的神祕領域加以理性化，並使用人類抽象的有限性的語言加以表達，或

---

❷⑥　同上，頁一三六～一三七。

❷⑦　一般所說的詭論，除了「存有詭論」，還有「邏輯及語意性的詭論」。佛教的說法如果也涉及後面這種詭論，自然也可以提出來討論；但本章的重點不在這裡，只好暫且略過。有關「邏輯及語意性的詭論」問題，參見張建軍，《科學的難題——悖論》（臺北，淑馨，一九九四年十一月），頁七～六四。

在提昇至那玄之又玄的不可思議之境的過程時所形成的❷。
在佛教的說法方面，除了前節所引的一些例子，還有《六祖
法寶壇經》第一品所載神秀語「身是菩提樹，心如明鏡臺。
時時勤拂拭，勿使惹塵埃」和慧能語「菩提本無樹，明鏡亦
非臺。本來無一物，何處惹塵埃」❷也常被引為例證（「菩提」
既是有又是無，形成存有詭論）。但這可以把它看作和諧對比
的統一體❸，而解消表面明顯可見的矛盾。本章所要指出的
詭論卻不然。其次，這種詭論也不同於懷疑論或相對論或唯
心論因不信有絕對或客觀的真理而顯現的無以自我圓說❹。
畢竟在佛教內部，對於佛性的實相部分，還少有懷疑論或相
對論或唯心論的意見，這跟本章的關注點可說是兩回事。既
然這樣，那佛教的「不可說」或「不可思議」所隱含的雙面
性詭論又是怎樣的？

　　這不妨再回到盲人摸象的典故上。照佛教的說法，那整
體的象比喻著整全的佛性，摸象的盲人比喻著無明的眾生；
無明的眾生永遠識不得整全的佛性（一如盲人永遠識不得整

---

❷ 參見楊士毅，《邏輯與人生──語言與謬誤》（臺北，書林，一九
　　九四年三月），頁一三三～一三四。

❷ 《大正藏》卷四八，頁三四八中～三四九上。

❸ 這種和諧對比的統一體，可以形容成一更高層次的「真空且妙
　　有」。 有位論者曾引方東美詩「浩渺晶瑩造化新，無雲無靄亦無
　　塵。一心璀璨花千樹，六合飄香天地春」來表達該真空妙有的意
　　境（見注❷所引楊士毅書，頁一三四～一三五），可以參看。

❸ 有關懷疑論、相對論、唯心論無以自我圓說部分，參見柴熙，《認
　　識論》（臺北，商務，一九八三年八月），頁一四五～一七○。

體的象）。 反過來說，眾生去了無明就可以識得整全的佛性
（好比明眼人可以識得整體的象）。 問題是：誰能知道「全
象」是什麼？每個人都會受到觀察的角度，以及其他因素(包
括生理、心理、社會、歷史文化等等）的制約，即使能「拼
湊」出一幅全象，恐怕也沒有兩個人的說法是相同的，這樣
誰說的才算數？顯然盲人摸象的典故中所預設的全象，實際
上是不存在的或不可能的。而它所以還會被認為存在或可能，
純是站在說故事者的立場姑且附和，其實沒有人有把握自己
所認知的象正是說故事者所認知的象。同樣的，佛性的提出
也有這個問題：第一個人所說的佛性的實相，跟第二個人、
第三個人……所說的佛性的實相，依理也不會是一致的。因
此，現在佛教所預設的這個絕對義上的佛性，只能存在於個
別的經驗中(第一個人可以把他所經驗到的某一情境或意境，
權宜的稱為佛性)， 其他人要完全理解它或掌握它，基本上
是有困難的。這就透露了要把佛性「客觀化」（可以被眾人
所領會或意識）是一件難以如願的事。

　　以上是順著盲人摸象的典故，所作的粗淺的分辨，約略
可以判定該典故有「引喻失當」的現象。但這還沒有另一個
更進一層的問題引人深思：那就是佛性的存在依據，以及「不
可說」或「不可思議」究竟如何可能？《莊子·天道》中有
個故事說：

　　　桓公讀書於堂上，輪扁斲輪於堂下，釋椎鑿而上，問桓
　　　公曰：「敢問公之所讀者何言邪?」公曰：「聖人之言也。」
　　　曰：「聖人在乎?」公曰：「已死矣。」 曰：「然則君之所

讀者，古人之糟魄已夫！」桓公曰：「寡人讀書，輪人安
得議乎！有說則可，無說則死。」輪扁曰：「臣也以臣之
事觀之：斲輪，徐則甘而不固，疾則苦而不入號。不徐
不疾，得之於手而應於心，口不能言，有數存焉於其間。
臣不能以喻臣之子，臣之子亦不能受之於臣，是以行年
七十而老斲輪。古之人與其不可傳也死矣，然則君之所
讀者，古人之糟魄已夫！」

　　這很可以藉來推想佛性存在的情況：第一，當年佛陀在
歷經一番修道（觀空）後，產生了一些新的經驗，但這些經
驗只像輪扁「不徐不疾」的斲輪那樣心裡有數而不能言傳；
第二，正因為修道經驗是實際有的，所以稱該經驗為佛性也
是有根有據的（不是憑空構設）。然而，問題的關鍵就在「心
裡有數」一點上。「有數」可以是數得出，也可以是數不出：
如果是前者，就不能說佛性「不可說」或「不可思議」；但
後者又如何？那只有一種情況，就是說有佛性的人根本理不
清該佛性到底是怎麼一回事。於是這裏就出現了兩個「隱式」
的詭論：一個是實際已知佛性是怎麼一回事而卻說佛性「不
可說」或「不可思議」；一個是實際不知佛性是怎麼一回事卻
再三盛稱佛性而最後又說佛性「不可說」或「不可思議」（盛
稱佛性時，儼然已知佛性是怎麼一回事，卻又聲明佛性「不
可說」或「不可思議」，顯然是個詭論）。可見佛教的「不可
說」或「不可思議」如果成立，必然隱含上述這雙面性的詭
論。由於這種詭論是「隱式」的（相對於前面所提及那些「顯
式」的詭論），比較不容易被察覺，以至如今還沒有看到佛界

中人或研究佛教的學者有這方面的省悟。

四、重新面對「不可說」的方案

　　倘若上面的考辨可信，那以後「不可說」或「不可思議」這類話頭就不能再輕易或浮濫使用，否則所要彰顯或構設的對象很可能就會因按了「不可說」或「不可思議」而流於無謂（沒有說到什麼）。佛界中人過去沒有細審言說本身一些或顯或隱的問題，而盡力再作點調整或翻新，不能說沒有遺憾！其實，佛教要化解自家理論難以自圓其說的困境，也不是不可能：只要提倡「緣起性空」的道理，而以不執著為解脫法門，不必去強調不執著之後的「境界」（情境或意境）問題。這樣預留一個開放式的不執著結果，反而更有利於本身論說的展開（不致像過去那樣只在一個佛性的框框下討活計）。

　　至於一般想接近佛教的人，在面臨佛教經典中出現的「不可說」或「不可思議」的話頭時，也得警覺到它的詭論性而別為尋思，不然光一個「佛性」就會令人困惑終身，更何況還有那千頭萬緒的「入道法門」呢！說實在的，歷來的佛教論師做了不少有啟發性的事，還有待人去發掘進而傚效，如「不生亦不滅，不常亦不斷，不一亦不異，不來亦不出。能說是因緣，善滅諸戲論，我稽首禮佛，諸說中第一」**❸❷**、「善知識，我此法門從上以來，先立無念為宗，無相為體，無住為本。無相者，於相而離相。無念者，於念而無念。無住者，

---

❸❷　見《中論》卷一，《大正藏》卷三〇，頁一中。

人之本性。於世間善惡好醜，乃至冤之與親，言語觸刺欺爭
之時，並將為空，不思酬害。念念之中，不思前境。若前念
今念後念，念念相續不斷，名為繫縛。於諸法上念念不住，
即無縛也，此是以無住為本。善知識，外離一切相，名為無
相。能離於相，則法體清靜，此是以無相為體。善知識，於
諸境上心不染，曰無念。於自念上常離諸境，不於境上生心。
若只百物不思，念盡除卻，一念絕即死，別處受生，是為大
錯，學道者思之……所以立無念為宗」❸等，這說到了修行
的可能方案（泯除「生滅」、「常斷」、「一異」、「來出（去）」
的差別及奉行「無念」、「無相」、「無住」等三無），較為具
體的指引人「向上一路」。我們也該從這裏得到智慧，繼續
開發可以使現代人「免於沈淪」的有效方案，而不是夢想「回
歸」傳統佛教（假使指得出傳統佛教的面貌）去規行矩步。
不然也難保不會像早期佛教所傳遞下來的一支詭論（如上所
述）那般的窮使力氣，而忘了還有更重要或更有意義的事要
做。

❸　見《六祖法寶壇經》第四品，《大正藏》卷四八，頁三五三上。

第七章　「轉生」說的局限與突破

一、轉生說的概況

　　生命從那裏來，又將往那裏去，這是宗教或哲學所不免要解決的課題。在佛教，始終以一個輪迴轉生的觀念提撕引領著世人的思路，並且構設（精研）一套繁複的理論以為世人自我強化生生相續的信念。這應當有它歷史和現代的意義，而值得我們來探個究竟。

　　佛教所說的輪迴轉生、輪迴、轉生，都是同義語，意指有情眾生由業因而招感三界、六道的生死流轉，永無止盡，《大乘本生心地觀經》卷三說：「有情輪迴生六道，猶如車輪無始終，或為父母、為男女，世世生生互有恩。」❶《觀佛三昧海經》卷六也說：「三界眾生輪迴六趣，如旋火輪，或為父母兄弟宗親。」❷由於這是特指有情眾生的生命輪轉，所以本章只拈取「轉生」（義較相稱）一語作為論說的依據。

　　轉生說以「業」或「業識」為生命輪轉的牽引力，《根

❶　《大正新脩大藏經》（以下簡稱《大正藏》）（臺北，佛陀教育基金會，一九九〇年三月）卷三，頁三〇二中。

❷　《大正藏》卷一五，頁六七四中。

本說一切有部毘奈耶》卷四六說：「不思議業力，雖遠必相牽。果報成熟時，求避終難脫。」❸而所謂業，就是造作的意思❹。造作一義，統匯身、口、意三名。它以「無明」為遠因，而以「愛欲」為根本因，北本《大般涅槃經》卷三七說：「業因者，即無明、觸。因無明、觸，眾生求有。求有因緣，即是愛也。愛因緣故，造作身、口、意業。」❺《圓覺經》說：「一切眾生，從無始際，由有種種恩愛貪欲，故有輪迴。若諸世界一切種性，卵生、胎生、濕生、化生，皆因婬欲而正性命。當知輪迴，愛為根本。由有諸欲，助發愛性，是故能令生死相續。欲因愛生，命因欲有，眾生愛命，還依欲本。愛欲為因，愛命為果。」❻身、口、意三業，恆久存在於「本有」（現在身）、「中有」（死後中陰身）和「後有」（後世受

❸ 《大正藏》卷二三，頁八七九上。

❹ 《俱舍論》卷一三說：「（造作名業）思及思所作，思即是意業，所作謂身語。」（《大正藏》卷二九，頁六七中）《大毘婆沙論》卷一一三說：「問何故名業、業有何義？答：由三義故說名為業：一作用故，二持法式故，三分別果故。作用故者，謂即作用說名為業；持法式者，謂能任持七眾法式；分別果者，謂能分別愛非愛果……復有說者，由三義故說名為業，一有作用故，二有行動故，三有造作故。有作用者，即是語業，如是評論我當如是如是所作；有行動者，即是身業，雖實無動，如往餘方；有造作者，即是意業，造作前二，由此意故說名為業。」（《大正藏》卷二七，頁五八七中、下）按：總名為造作，分稱有意志活動（意業）及以言語表現其意志（口業或語業）和以行動表現其意志（身業）。

❺ 《大正藏》卷一二，頁五八五中。

❻ 《大正藏》卷一七，頁九一六中。

生身）等三有中，而以「欲界」、「色界」和「無色界」等三界❼為轉生受報所依的環境。至於轉生的方式，則有「卵生」、「胎生」、「濕生」和「化生」等四種❽；而轉生所趨向的途徑，則有「天」、「人」、「阿修羅」、「畜生」、「餓鬼」、「地獄」等六道（六趣）❾。這就是轉生說的一般情況❿。

---

❼ 《顯揚聖教論》卷一說：「界有二種：一、欲等三界；二、三千世界。欲等三界者，一、欲界，謂未離欲地雜眾煩惱諸蘊差別；二、色界，謂已離欲地雜眾煩惱諸蘊差別；三、無色界，謂離色欲地雜眾煩惱諸蘊差別……。」（《大正藏》卷三一，頁四八四下）

❽ 《俱舍論》卷八說：「謂有情類卵生、胎生、濕生、化生，是名為四……云何卵生？謂有情類生從卵殼是名卵生，如鶴、孔雀、鸚鵡、雁等。云何胎生？謂有情類生從胎藏是名胎生，如眾馬、牛、豬、羊、驢等。云何濕生？謂有情類生從濕氣是名濕生，如蟲、飛蛾、蚊、蚰蜒等。云何化生？謂有情類生無所託是名化生，如落迦天、中有等。」（《大正藏》卷二九，頁四三下～四四上

❾ 按：四生、六道中，地獄道、天道、「中陰身」和一部分餓鬼道是化生的，《俱舍論》卷八說：「一切地獄、諸天、中有皆唯化生，鬼趣唯通胎化二種。」（《大正藏》卷二九，頁四四上）而有情眾生只能在人道、阿修羅道、畜生道、餓鬼道和地獄道中輪轉（只有菩薩才能得天道），《大智度論》卷一六說：「菩薩得天眼，觀眾生輪轉五道，迴旋其中。天中死，人中生；人中死，天中生……非有想、非無想天中死，阿鼻地獄中生。如是輾轉生五道中。」（《大正藏》卷二五，頁一七五中）。

❿ 有關三有、三界、四生、六道之間的牽連複合，可參見于凌波，《簡明佛學概論》（臺北，東大，一九九三年八月），頁四四五～四五三。

此外，佛教對於業的存在狀態和依緣現行方面，也作了相當詳盡的分疏。前者，有所謂自體、種子等等喻稱，《中阿含經》卷四四說：「有情以業為自體，為業之相續者。以業為母胎，以業為眷屬，以業為所為者。」❶《廣五蘊論》說：

從此世往他世，作用種子，任持作用，結生相續❷。

而它就存在阿賴耶識中，所以阿賴耶識也稱作業識，《大乘起信論》說：

一者名為業識，謂無明力不覺心動故❸。

《成唯識論》卷四說：

阿賴耶識，業風所飄，遍依諸根，恆相續轉❹。

這些存在阿賴耶識中的業，有的是「舊有」（前世所積），有的是「新熏」（現世所生）。不論舊有或新熏，都具有「剎那滅」、「果俱有」、「恆隨轉」、「性決定」、「待眾緣」和「引自果」等六種性質❺。後者，有所謂「六因」（能作因、俱有因、

---

❶ 《大正藏》卷一，頁七〇六中。

❷ 《大正藏》卷三一，頁八五三上。

❸ 《大正藏》卷三二，頁五七七中。

❹ 《大正藏》卷三一，頁二〇中。

❺ 詳見《成唯識論》卷二，《大正藏》卷三一，頁九中。

同類因、異熟因、相應因、遍行因）、「四緣」（因緣、等無間緣、所緣緣、增上緣）和「五果」（士用果、等流果、異熟果、增上果、離繫果）等說法❶。而當中以小乘佛教所凸出的善惡果報（同類因→等流果，或異熟因→異熟果），特別具有業報輪迴上的意義❶，所謂「善業得樂報，不善業得苦報，不動業得不苦不樂報」❶、「業力如風。善業風故，吹諸眾生好處受樂；惡業風故，吹諸眾生惡處受苦」❶，不無給轉生說另添一分變數。而緣後者而來的，又有所謂共不共業（依報、正報）、定不定業、十善惡業等等區分❷，也為轉生說衍展出一幅高度複雜的面貌。

二、轉生說所遭受的質疑

　　雖然佛教的轉生說從表面看來相當繁複細密，也被認為它所主張的「業報之前，眾生平等」大有超越古印度婆羅門

---

❶　參見注❶所引于凌波書，頁三四一～三五四；陳沛然，《佛家哲理通析》（臺北，東大，一九九三年十月），頁四○～四三。

❶　參見傅偉勳，《佛教思想的現代探索──哲學與宗教五集》（臺北，東大，一九九五年三月），頁七二。

❶　見《成實論》卷八，《大正藏》卷三二，頁二九八上。

❶　見《大乘義章》卷七，《大正藏》卷四四，頁六○二上。

❷　參見方立天，《佛教哲學》（臺北，洪業，一九九四年七月），頁一九六～二○二；注❶所引于凌波書，頁四四二～四四四。按：十善業和十惡業的果報情況，《分別善惡報應經》有頗為詳細的說明（《大正藏》卷一，頁八九五中～九○一中），可參看。

教教義的地方❹，但後人仍有覺得轉生說不盡情理或暗含罅漏而紛紛在抉發論辯。這大略有兩種情況：一種是針對轉生說邏輯上的問題而發，一種是針對轉生說非邏輯上但相牽連的問題而發。

現在先看質疑轉生說的邏輯問題部分。木村泰賢《原始佛教思想論》中記載：

> 佛陀依於業所說之二重因果關係，就中較為易解者，不待言為同類因果……但其最難解者，為異類因果。何則？以其不為直接意志之創造性所誘導之物……如謂因於前世殺生，今世循此為習慣，生而為酷嗜殺人者，其根據固屬顯然。今乃以夭壽而代酷嗜殺人者，則其充分之根據何在歟？同此，謂前生惱苦眾生故，今生而為病夫；前生以摯心撫育眾生故，今世生而為福神，固所曾聞。然謂以惱惡故而病弱，撫育故而康健，此當緣何而證明其為恰當耶……此種應行辯明之問題，從來主張因果法為真理之多數佛教學者，亦咸漠視之。彼輩惟於善因惡

---

❹ 輪迴轉生本是古印度婆羅門教的主要教義之一，佛教加以承襲並進而給予大幅度的改變，其中最明顯的就是婆羅門教認為四大種姓及賤民在輪迴中永襲不變，而佛教則主張下等種姓今生如果修善德，來世可為上等種姓；而上等種姓今生倘若有惡行，來世則為下等種姓，乃至下地獄。參見鄭金德，《現代佛學原理》（臺北，東大，一九九一年八月），頁一八～一九；劉衡如，〈五種姓〉，收於黃懺華等，《中國佛教教理詮釋》（臺北，文津，一九九○年七月），頁一四八～一五六。

因之道德意義，混合善惡與善惡果運命上之好惡，以之
如同類因果之說明為止。雖然，吾人當弗忘佛教因果觀，
真正困難之點，實在此也❷。

這指出轉生說中的異類因果觀在邏輯上有斷裂，不免會危及
轉生說的可靠性❸。此外，還有所謂的有我或無我、前後生
是否一致、變化之當體是否就是輪迴等等質疑❹，這比較不
關緊要，可以暫且不論。

再看質疑轉生說相牽連的問題部分。呂澂《中國佛學源
流略講》中記載：

從劉宋時代起，佛教在政治上的作用越來越大……當政
者的利用佛教，這在當時的辯論文章裏也可以看得很清
楚。例如，何承天和宗炳辯論時就曾經這樣地說：輪迴
報應確實是佛教，但這是對印度人說的。印人秉性剛強，

---

❷ 見木村泰賢，《原始佛教思想論》（歐陽瀚存譯，臺北，商務，一
　九九三年五月），頁一五三～一五四。

❸ 雖然論者最後另以「一生之世間，亦必作成無數之業，與來自前
　世者相集合，以之為根基，而造成為自己之運命」來為佛教圓說
　（同上，頁一五五），但我們也得知道異類因果一旦成立，同類
　因果可能就不存在（或說無法確立）。再說倘若轉生說要靠異類
　因果觀來「支撐」的話，那我們將無法追溯或想像前後生的狀況
　（因為有異類因果的變數在）。因此，論者所作彌補的效力仍然
　有限。

❹ 同上，頁一三三～一五〇。

貪戾極重，佛為了調伏他們，才有輪迴報應之說。至於中國，文化發達，無需這樣的說法了。宗炳的答覆更直接道出了當政者宣揚佛教的目的，他說，對於貪戾的人，只要約法三章，賞罰分別就夠了，何必講法身、報應等玄妙的道理呢？恰恰是因為中國人的文化高，所以才更需要講神不滅、輪迴等等。這些話，真正說出了當時當政者的內心願望❷。

藍吉富《二十世紀的中日佛教》中記載：

捨離精神是指捨棄三毒、捨棄邪見，而以八正道為行為準則的精神。以這種精神處諸世間，則世間之一切以物欲、私欲、邪見為據的事業及行為，佛教徒便不得介入或合作……反觀現代世界，除社會主義國家茲不及論之外，世界上幾乎都是與捨離精神相背反的資本主義式社會。此處的「資本主義」是廣義的，是指「認為追求財富是善的、人的智慧值得投資在利潤的追求上，這樣的慾望是不必譴責的」的心態……在這種心態、這種價值觀的社會下，一個「信仰與行為力求一致」的佛教徒，在謀職處世的時候，勢必會遭遇到許多扞格難入的處境……此外，佛教徒可以從事廣告公司的工作，以「儘量誇大客戶優點、隱藏客戶缺點」嗎？可以幫助自己公司的老板去競選縣市長或民意代表，而心目中卻又對老板

---

❷ 見呂澂，《中國佛學源流略講》（臺北，里仁，一九八五年一月），頁一六四～一六五。

的政治能力嗤之以鼻嗎？佛教徒最忌諱殺生，固然我們不可以開設釣具店、屠宰戶，但是我們可以去任職於零售給釣具店當釣魚線的尼龍絲工廠嗎？可以任職於供應屠宰刀工廠以鋼板的鐵工廠嗎？可以任職於危及農作物及鄰居百姓的農藥工廠嗎㉖？

又記載：

佛教教義裏，雖然有「五性各別」與「一性皆成」的不同主張，但是都與「人類至上」、「唯有人類值得拯救（或解脫）」的觀念不同。大體而言，佛教（尤其是大乘真常系）主張眾生的生命價值在基本上是平等的……在這種平等觀念下，不害（ahimsa、不殺、不害眾生）的精神，便應是佛教徒的根本信念之一。然而，在西方基督教之只救人類的訊息、以及文藝復興以來人文主義（humanism或人本主義）風氣的襲捲之下，舉世滔滔，在理論上、實踐上、體制上、法律上，地球上的各地區，幾乎都以「人類優於其他生物」的觀念為一切措施的基本前提。因此，佛教徒在日常行為上、思想上所可能遭遇到扞格處境，便告層出不窮。譬如：如果佛教徒能夠作決定，是否該命令一切殺生業（捕魚、屠宰、打獵……）全面停止？是否不准農夫噴灑農藥？蝗蟲大舉侵食農作物時，是否應該為這些眾生之可以得食而隨喜？是否該

㉖ 見藍吉富，《二十世紀的中日佛教》（臺北，新文豐，一九九一年十月），頁八〇～八二。

勸告農夫布施稻田給專門侵食稻麥的福壽螺？如果不
是，那又該如何❷？

這指出轉生說難免會被政治家當作愚民的工具（政治家可以
自己前生行善而今世得福貴——相對的百姓因前生行惡而今
世得貧賤——來鞏固他的政治地位），以及轉生說在現實情境
中可能「有礙」於正常謀生或應世。雖然這不關轉生說本身
的邏輯問題，但的確是由轉生說衍生出來的，一併值得我們
加以重視。

三、既有質疑的檢討

從轉生說所隱含的問題來看，佛教要贏得世人完全的信
服，（在理論上）恐怕還有一段距離❷。不過，我們也不需過
度苛求，凡是不屬於邏輯上的問題而可以用「技術」去克服
的部分，都不妨暫時排除在外或不予計較。如轉生說在現實

---

❷ 同上，頁八三～八四。

❷ 這也包含佛教徒可能自己言行不一致，而抵銷轉生說的效力：「宋
文帝元嘉年間，建業冶城寺有位沙門慧琳寫了一篇〈黑白論〉（又
名〈均善論〉），論中假設儒（白學）佛（黑學）兩家較論優劣。
作者認為佛家雖然講世間，也講幽冥，講現在，也講來生等等，
但都『無徵驗』，難以相信。同時還批評了佛家教人不貪，卻又
『以利欲誘人』，如要人布施、修寺廟，並用報應之說去嚇唬人
等等」（見注❷所引呂澂書，頁一六三）。類似情事的存在，確實
很不利轉生說的傳播。

情境中可能「有礙」於正常謀生或應世的問題，只要我們謹守「善」的原則，不涉及物欲、私欲和邪見，也不涉及直接或間接「殺生」❷，仍不失為道地的佛教徒；又如轉生說難免會被政治家當作愚民工具的問題，這雖然無法迫使政治家不可以這樣做，但可以「譴責」並且疏遠他們，也仍不礙於當個稱職的佛教徒。可見這些都是做和不做的問題，並沒有什麼大不了。真正困難的是，這些作為背後所依據的轉生原理確有難以彌縫的地方。

依照前引，佛教以業為輪迴轉生的引力，而業又有善惡的分別，因此，善惡果報也就成了轉生說的重心。所謂「天地之間，一由罪福；人作善惡，如影隨形；死者棄身，其行不亡。人死神去，隨行往生；如車輪轉，不得離地」❸、「罪福響應，如影隨形。未有為善不得福，行惡不受殃者」❹、「無生不死者，天地無不壞敗者。愚人以天地為常，佛以為虛空。天地有成敗，無不棄身者。善惡隨身，父有過惡，子不獲殃；子有過惡，父不獲殃。各自生死，善惡殃咎，各隨其身」❺等等，無不在強調這一點。如果真是這樣，作為佛

---

❷ 當今佛教徒多禁葷食，但他們所食用的素菜卻多為農人噴灑農藥殺死「害蟲」（也是殺生）的結果，形同間接的殺生。倘若仿照上述論者的說法，這也算是違背佛教教義的。然而，佛教徒可以自己種植（採用不害其他生物的方式來取得食物）或尋求他人以自然方式栽培的食物，就不致會墮入惡果中。

❸ 見《字經抄》，《大正藏》卷一七，頁七三五中。

❹ 見《栴陀越國王經》，《大正藏》卷一四，頁七九二中。

❺ 見《佛般泥洹經》卷下，《大正藏》卷一，頁一六九上。

教的信徒，理當無條件行善去惡，以求得來世的好果報。但
問題是任何人的今生和前生以及今生和來生，都隔著一個中
陰身以及要隔著一個中陰身，而這是人所無從掌握的。既然
人無從掌握中陰身，他也就不知道自己的前生，也不可能預
知自己的來生，那麼所謂的善惡果報，也就變成只能信仰而
不能理測了。這要如何教人相信修善業就可以在來生享受好
果報？還有有人當生行善卻遭夭厄，而有人當生行惡卻得壽
考❸，這又遵循了什麼樣的果報原則？因此，佛教的善惡果
報說，毋寧多為教化上的意義，就像《天尊說阿育王譬喻經》
所記載的這個故事一樣：

> 昔有人，在道上行，見道有一死人，鬼神以杖鞭之。行
> 人問言：「此人已死，何故鞭之？」鬼神言：「是我故身，
> 在生之日，不孝父母，事君不忠，不敬三尊，不隨師父

---

❸ 《史記・伯夷列傳》記載：「或曰：『天道無親，常與善人。』若伯
夷、叔齊，可謂善人者非邪？積仁絜行如此而餓死！且七十子之
徒，仲尼獨薦顏淵為好學。然回也屢空，糟穅不厭，而卒蚤夭。
天之報施善人，其何如哉？盜蹠日殺不辜，肝人之肉，暴戾恣睢，
聚黨數千人橫行天下，竟以壽終。是遵何德哉？」撇開「天之報
施」問題不說（在佛教只講業報自招），就說像伯夷、叔齊、顏
淵這類人，他們又如何知道自己的夭厄是根源於前生的為惡（同
樣的，他們又如何知道自己今生的積仁絜行等等是為贖前罪且為
來生討好報）？而像盜蹠這類人，他們又如何知道自己的壽考是
來自前生的為善（同樣的，他們又如何知道自己今生的逞暴殺人
等等是為減前福且為來生留惡報）？

之教；令我墮罪，苦痛難言，悉我故身，故來鞭耳。」稍
稍前行，復見一死人，天神來下，散華於死人屍上，以
手摩抄之。行人問言：「觀君似是天，何故摩抄是死屍？」
答曰：「是我故身，生時之日，孝順父母，忠信事君，
奉敬三尊，承受師父之教；今我神得生天，皆是故身之
恩，是以來報之耳。」 行人一日，見此二種，便還家，
奉持五戒，修行十善，孝順父母，忠信事君，示語後世
人：「罪福追人，久而不置，不可不慎。」❸

這很明顯是「取譬」以「喻人」，並沒有多少理則上的意義(不
堪輕施像前面那樣的質問)。而這正是上節所提異類因果說難
以圓融的一大癥結所在。佛教的提倡者假使還要以轉生說示
（服）人，可能得先正視這個局限才行。

四、突破局限的途徑

我們知道，轉生說的理論基礎是十二因緣說❸。而十二

---

❸　《大正藏》卷五〇，頁一七一下。

❸　《長阿含經》卷一說：「生死從何緣而有？即以智慧觀察所由。
　　從生有老死，生是老死緣；生從有起，有是生緣；有從取起，取
　　是有緣；取從愛起，愛是取緣；愛從受起，受是愛緣；受從觸起，
　　觸是受緣；觸從六入起，六入是觸緣；六入從名色起，名色是六
　　入緣；名色從識起，識是名色緣；識從行起，行是識緣；行從痴
　　（無明）起，痴是行緣。」（《大正藏》卷一，頁七中）這就是十
　　二因緣說：由無明、行、識、名色、六入、觸、受、愛、取、有、

因緣當中的因果關係，是由無明（無知或昏昧的狀態）為因，而引致行（盲目的意志活動）為果；由行為因，而引致識（認知作用）為果；由識為因，而引致名色（認知對象）為果；由名色為因，而引致六入（六種認知機能：眼、耳、鼻、舌、身、意）為果；由六入為因，而引致觸（認知機能接觸認知對象）為果；由觸為因，而引致受（由接觸而起的感受）為果；由受為因，而引致愛（由感受而起的佔有欲）為果；由愛為因，而引致取（由佔有欲而起的執著不捨）為果；由取為因，而引致有（生命存在）為果；由有為因，而引致生（出生）為果；由生為因，而引致老死（老去死亡）為果。在生命形成後，於是有一流轉過程，就是每一既成為「有」的生命，由生而老死，再轉入生，再到老死，這就是所謂的輪迴轉生。

　佛教以輪迴轉生來解釋世上生生相續的現象，應當比大家所能想得到的「無因說」或「偶然說」或「上帝說」要有效力。因為「無因說」（顧名思義，生命的存在是沒有原因可說的）只是避開問題，而「偶然說」（顧名思義，生命的存在是偶然間造成的）不過是簡化問題（事實上還有造成「偶然」的原因存在），而「上帝說」（顧名思義，生命的存在是由上帝所造或所主導的）中的上帝也是一個存在者（也當有促成這一存在者的存在者），　都不及因緣說特能將「生生相續」的道理一筆勾出。只是它以業居間牽引，卻又不免理有滯礙❸；同時，它所賦予的過多道德的意涵，由人極力推行

――――――――――

生、老死，構成三世兩重的因果觀。參見黃公偉，《佛學原理通釋》（臺北，新文豐，一九八九年七月），頁一八〇～一八四。

後，勢必會出現某些負影響（如人為了造善業，而勤於放生、布施等等，卻忘了背後有他人更勤於捉生——來賣給別人放生；而他在甲地所布施的財物，也得拚命從乙地賺來或詐來，形成一個「惡性循環」）。

這麼說來，佛教如果想突破轉生說的局限，可能要先淡化一點道德的色彩。也就是說，只要說明生命的存在取決於眾因緣（而眾因緣之前又有眾因緣，以至於無窮盡），而不必一定要強調善惡果報。倘若基於教化人心而一定要強調善惡果報，也當以行善可以獲得喜樂或可以深感安慰為「現時果報」義為重；而有餘力還可以聯合各宗教、各社群、各企業齊造「共善業」，以確保大家有一個良好的生活環境和合理的發展空間。

---

❸⑥ 更何況「行善去惡」，本來就是世道倫理所共涵，不必佛教出來才有。因此，佛教以行善去惡來為轉生觀「附麗」或「加料」，並不能顯出什麼特殊性。

第八章 佛教運用譬喻的問題探討

一、譬喻的指月功能？

　　傳統修辭或寫作有所謂「賦比興」三法❶。賦是直敘，比是譬喻，興是象徵❷。但象徵跟譬喻（尤其是譬喻中的隱

---

❶ 參見王念恩，〈賦、比、興新論〉，收於中國古典文學研究會主編，《古典文學》第十一集（臺北，學生，一九九〇年十二月），頁一～五五。按：王文中不只把賦比興視為修辭或寫作的方式，還視為美學特徵或詮釋方式。這跟本章沒有直接關係，所以暫且不談它。

❷ 鍾嶸《詩品・序》說：「文已盡而意有餘，興也；因物喻志，比也；直書其事，寓言寫物，賦也。」朱熹《詩集傳》說：「賦者，敷陳其事而直言之者也；比者，以彼物比此物也；興者，先言他物以引起所詠之辭也。」胡寅《斐然集》卷一八引李仲蒙說：「索物以託情，謂之比；觸物以起情，謂之興；敘物以言情，謂之賦。」雖然古來對賦比興的界定略有歧異，但大體上可以把賦看成直敘法（歷史上還有文體義的「賦」，另當別論），把比看成比喻法（包含明喻、隱喻、略喻和借喻），把興看成象徵法（以具體的意象表達抽象的觀念或情感）。這在今人已逐漸要形成「共識」，參見王夢鷗，《文學概論》（臺北，藝文，一九七六年五月），

喻）總有難以截然劃分的地方❸，所以提到譬喻就可以等同
於概括了象徵❹。這譬喻一法，在佛教典籍中也頗為常見。
它不只顯現在個別辭句的設譬明示上，也顯現在整個故事的
取譬寓喻上，甚至還有以譬喻為經名的（如《法句譬喻經》、
《雜譬喻經》、《百喻經》等等）❺，可說已到「漪歟盛哉」
的地步。

　　佛教所以要用譬喻，根據佛教自己的反省是為了使「隱
義明了」或「本義淨明」❻。《大乘阿毘達磨雜集論》卷十一
說：「譬喻者，謂經中有比況說，為令本義得明了故，說諸
譬喻。」❼《大智度論》卷九五說：「般若波羅蜜甚深微妙，

　　　頁一〇九～一五八；黃慶萱，《修辭學》（臺北，三民，一九八三
　　　年十月），頁二二七～二五〇、三三七～三六三。

❸　劉勰《文心雕龍・比興》說：「比顯而興隱。」孔穎達《左傳正義》
　　說：「比之隱者謂之興，興之顯者謂之比。比之與興，深淺為異
　　耳。」「比之隱者」，就是今人所說的隱喻，可見兩者還有得牽扯。

❹　陸德明《毛詩音義》說：「興是譬喻之名，意有不盡，故題曰興。」
　　孔穎達《毛詩正義・大序》說：「取譬引類，起發己心，詩文諸
　　舉草木鳥獸以見意者，皆興辭也。」這顯然都以譬喻概括象徵。

❺　詳見丁敏，《佛教譬喻文學研究》（臺北，東初，一九九六年三月）
　　一書。

❻　語見《顯揚聖教論》卷一二：「譬喻者，謂有譬喻經，由譬喻故，
　　隱義明了。」（《大正新脩大藏經》（以下簡稱《大正藏》）（臺北，
　　佛陀教育基金會，一九九〇年三月）卷三一，頁五三八下）及《瑜
　　伽師地論》卷二五：「云何譬喻？謂於是中有譬喻說，由譬喻故，
　　本義明淨。」（《大正藏》卷三〇，頁四八一下）。

❼　《大正藏》卷三一，頁七四三下。

難解難量。不可以有量能知。諸佛聖賢憐愍眾生，故以種種語言名字譬喻為說。」❸但譬喻只是一種方便設施，有如以指示月，重在月（佛理）而不重在指（譬喻），《大涅槃經》卷六說：「善男子，不可以喻喻真解脫，為化眾生故作喻耳。」❾又說：「以是因緣我說種種方便譬喻以喻解脫，雖以無量阿僧祇喻，而實不可以喻為比或有因緣亦可喻說，或有因緣不可喻說。」❿換句話說，讀者（或佛教徒）不應該停留在對譬喻本身的欣賞或知解上，而得深入譬喻背後所比況或暗示的佛理的領會或掌握。問題是「實情」有這麼單純嗎？

我們先看牟融〈理惑論〉中所記載的一段話：

問曰：「夫事莫過於誠，說莫過於實。老子除華飾之辭，崇質朴之語；佛經說不指其事，徒廣取譬喻。譬喻非道之要，合異為同；非事之妙，雖辭多語博，猶玉屑一車，不以為實矣。」牟子曰：「事嘗共見者，可說以實；一人見一人不見者，難以誠言也。昔人未見麟，問嘗見者麟何類乎？見者曰：麟如麟也。問者曰：若吾嘗見麟，則不問子矣。而云麟如麟，寧可解哉？見者曰：麟，麕身牛尾鹿蹄馬背。問者虛解。孔子曰：人不知而不慍，不亦君子乎？老子云：天地之間，其猶橐籥乎？又曰：譬道於天下，猶川谷與江海。豈復華飾乎？《論語》曰：為政以德，譬如北辰。引比人也。子夏曰：譬諸草木，

---

❸　《大正藏》卷二五，頁七二二下。

❾　《大正藏》卷一二，頁三九六中。

❿　《大正藏》卷一二，頁三九六下。

> 區以別矣。詩之三百，牽物合類；自諸子讖緯，聖人祕
> 要，莫不引譬取喻，子獨惡佛說經牽譬喻耶?」❶

這裏牟融以「一人見一人不見者，難以誠言」及「詩之三百，
牽物合類；自諸子讖緯，聖人祕要，莫不引譬取喻」來反駁
佛教不當用譬喻的言論。前者屬於經驗推理，後者屬於類比
推理。而認真追究，類比推理還是要建立在經驗推理的基礎
上（也就是包括佛教在內的各家所以要用譬喻，是因為「直
告之不明」❷的緣故），所以這裏只存該經驗推理值得討論。
我們知道以譬喻來補救「直告之不明」，可能發生效果，也
可能不發生效果。也就是說，聽者（讀者）可能意會得到，
也可能意會不到。而即使意會得到，也未必跟說者的原意相
符，它很可能像底下這個寓言所說的那樣：

> 話說，從前在水底裏住著一隻青蛙和一條魚，他們常常
> 一起泳耍，成為好友。有一天，青蛙無意中跳出水面，
> 在陸地上遊了一整天，看到了許多新鮮的事物，如人啦，
> 鳥啦，車啦，不一而足。他看得開心死了，便決意返回
> 水裏，向他的好友魚報告一切。他看見了魚便說，陸地
> 的世界精彩極了，有人，身穿衣服，頭戴帽子，手握拐
> 杖，足履鞋子；此時，在魚的腦中便出現了一條魚，身
> 穿衣服，頭戴帽子，翅挾手杖，鞋子則吊在下身的尾翅

---

❶ 見僧祐，《弘明集》卷一，《大正藏》卷五二，頁四中。

❷ 王符《潛夫論・釋難》說：「夫譬喻也者，生於直告之不明，故
假物之然否以彰之。」這跟牟融所說所以要用譬喻的意思一樣。

上。青蛙又說，有鳥，可展翼在空中飛翔；此時，在魚的腦中便出現了一條騰空展翼而飛的魚。青蛙又說，有車，帶著四個輪子滾動前進；此時，在魚的腦中便出現了一條帶著四個圓輪子的魚……⑬。

每個人腦海裏都有某些遺傳或習成的「模子」⑭，以至在領會別人所轉告陌生的事物時，勢必要受到「模子」的限制。因此，「喻示」和「領示」之間，就不可能像佛教（或一般人）那樣樂觀的以為沒有障礙存在。從「喻示」這一端來說，使用譬喻的人是否使用得當，是一個問題；而從「領示」這一端來說，接受譬喻的人是否領會得當（或根本不能領會），也是一個問題；甚至「喻示」和「領示」之間聯結的判斷或仲裁如何可能，更是一個問題。這些問題如果沒有獲得解決，譬喻在佛教典籍中的「地位」就難以確定。

二、譬喻者的善用與否

　　倘若大家相信譬喻在佛教典籍中具有指月功能，那麼這裏就要指出一個變數來相「對諍」。雖然譬喻的用法及其所要遵循的原則，一如劉勰《文心雕龍・比興》所說：「夫比之

---

⑬　見葉維廉，《比較詩學》（臺北，東大，一九八三年二月），頁一～二引。

⑭　用哲學詮釋學家的話來說，就是「前結構」或「成見」，參見張汝倫，《意義的探究——當代西方釋義學》（臺北，谷風，一九八八年五月），頁一〇五～一〇八、一二二～一三〇。

為義，取類不常：或喻於聲，或方於貌，或擬於心，或譬於
事……故比類雖繁，以切至為貴；若刻鵠類鶩，則無所取焉。」
但實際上確有不夠「切至」或胡亂比擬的情況存在❶。這在
佛教似乎也不能避免，如《優婆塞戒經》卷一說：

> 善男子！如恆河水，三獸俱渡，兔、馬、香象。兔不至
> 底，浮水而過；馬或至底，或不至底；象則盡底。恆河
> 水者，即是十二因緣河也。聲聞渡時，猶如彼兔；緣覺
> 渡時，猶如彼馬；如來渡時，猶如香象。是故如來得名
> 為佛；聲聞、緣覺，雖斷煩惱，不斷習氣；如來能拔一
> 切煩惱習氣根原，故名為佛❶。

---

❶ 這在我國傳統的文學批評中很是常見。姑且舉出兩個例子以見一
斑：葛立方《韻語陽秋》說：「詩人贊美同志詩篇之善，多比珠
璣、碧玉、錦繡、花草之類，至杜子美則豈肯作此陳腐語邪？〈寄
岑參〉詩云：『意愜關飛動，篇終接混茫。』〈夜聽許十一誦詩〉
云：『精微穿溟涬，飛動摧霹靂。』〈贈盧琚〉詩曰：『藻翰惟牽率，
湖山合動搖。』〈贈鄭諫議〉詩云：『筆落驚風雨，詩成泣鬼神。』
〈贈高適〉詩云：『毫髮無遺憾，波瀾獨老成。』〈寄李白〉詩云：
『美名人不及，佳句法如何。』 皆驚人語也。視餘子其神芝之與
腐菌哉！」（《歷代詩話》，頁三〇六）陳僅《竹林問答》說：「問：
『宋人《風騷句法》有「萬象入壺」、「重輪倒影」、「一氣飛
灰」、「二劍淩空」、「百川歸海」、「雙龍輔日」等名，其義安在？』
『此惡套也，亦絕不識其取義之所在，論詩至此，直墜入千重魔
障矣。近日評文家亦有做此者，所謂寶蜣丸為蘇合也。』」
（《清詩話續編》，頁二二五一）葛立方所指出的「陳腐語」、陳僅
所指出的「惡套」，就是譬喻不夠切至或胡亂比擬的結果。

佛教依佛法效用的不同而區分聲聞、緣覺（辟支佛）、菩薩
（佛）三乘：聲聞乘，是指親聽佛陀聲教，徹悟四諦真理，
乘四諦而證聲聞四果。北本《大般涅槃經》卷一五說：「我
昔與汝等，不見四真諦，是故久流轉，生死大苦海；若能見
四諦，則得斷生死。」❶所以聲聞乘以修四諦為主。緣覺乘，
是指佛陀由於過去世的善根因緣，今世出家，諦觀十二緣生
法，於是得以悟道；後人因緣覺而得出世證法，其所乘法就
是緣覺乘。它比聲聞乘略勝一籌，《大集經》卷二八說：「緣
覺所行，出過聲聞所有功德……獨住空閑、威儀庠序，出入
凝重，安心靜默。簡於人事，能為眾生福田。其心猒樂，觀
十二緣，常念一法，出世涅槃，數遊禪定，不從他聞，自然
覺了。」❸菩薩乘，是指佛陀初轉法輪傳道階段。它比緣覺乘
又勝一籌，《大集經》卷二說：「菩薩之業，無邊無量，是故
菩薩勝於一切聲聞、緣覺。」❹現在佛教以兔、馬、香象渡河
來譬喻聲聞乘、緣覺乘、菩薩乘，表面看來好像蠻貼切的，
其實不然。先不要說河水有深淺不同和急緩差異等變數，而
使得兔、馬、香象渡河不盡是一個「浮水而過」另二個偶而
「著底而過」或全「著底而過」（也許都是「浮水而過」——當
河水暴漲或波濤洶湧時），就說兔、馬、香象都是直接過河
（沒有其他憑藉），而且過河速度的快慢依次可能是兔、馬、
香象，這就跟聲聞乘、緣覺乘、菩薩乘有的有憑藉而有的沒

❶　《大正藏》卷二四，頁一〇三八中。

❷　《大正藏》卷一二，頁四五一下。

❸　《大正藏》卷一三，頁一九八中、下。

❹　《大正藏》卷一三，頁一一中。

有憑藉及悟道速度的快慢恰恰相反明顯不太符合❷。又如《大乘十法經》說：

> 云何菩薩摩訶薩正觀諸法？善男子！若菩薩作如是觀：一切諸法猶如幻，迷惑凡夫故。一切諸法如夢，不實故。一切諸法如水中月，非事故。一切諸法如響，非眾生故。

---

❷ 佛教還有一個類似的譬喻：「佛言：『……婆羅門！譬如恆河，有三種人，有從此岸，至於彼岸。其初人者，以草為筏，倚之而渡；第二人者，若以皮囊，若以皮船，倚之而渡；第三人者，造作大船，乘之入河，於此船中，載百千人。其第三人，復敕長子，安置守護如此船舫，所有眾生來者，汝從此岸，渡至彼岸，為多人等作利益故。婆羅門！於意云何？夫彼岸者，有差別不？』婆羅門言：『不也，世尊！』佛復問言：『婆羅門！於汝意云何？彼乘之乘，有差別不？』婆羅門言：『所乘之乘，實有差別。』佛言：『如是如是。婆羅門！然聲聞乘、辟支佛乘、阿耨多羅三藐三菩提乘（按：就是菩薩乘），實有差別。婆羅門！如第一人，依倚草筏，從於此岸，至於彼岸，獨一無二；聲聞菩提，應如是知。第二人者，若倚皮囊，及以皮船，從於此岸，渡至彼岸；辟支佛菩提，應如是知。婆羅門！如第三人，成就大船，共多人眾，從於此岸，至於彼岸；如來菩提，應如是知。』爾時世尊，欲重宣此義，而說偈言：路及解脫無有上，諸乘皆悉有差別；智者如是應校量，當取最勝最上乘。」（見《出生菩提心經》，《大正藏》卷一七，頁八九三下）這以倚靠草筏、皮船（皮囊）、大船渡河的取徑有別譬喻聲聞乘、緣覺乘、菩薩乘在解脫發智上的差異，似乎比取兔、馬、香象過河為譬喻要順當一些，但它同樣沒有搆上頓悟／漸悟及直悟／轉悟等環節。

一切諸法如影，計妄想故。一切諸法如響聲，生滅壞故。一切諸法生滅壞，緣假成故。一切諸法，本不生不移，同真如體故。一切諸法不滅，本不生故。一切諸法無作，無作者故。一切諸法如虛空，不可染故。一切諸法定寂滅，性不染故。一切諸法無垢，離一切諸垢故。一切諸法性滅，離煩惱故。一切諸法非色，不可見故。一切諸法離心境界，無體性故。一切諸法不住，滅諸毒故。一切諸法不可求，滅愛憎等心故。一切諸法無著，離煩惱境界故。一切諸法如毒虺，離善巧方便故。一切諸法如芭蕉，無堅實故。一切諸法如水沫，體性弱故。善男子！菩薩如是觀，名為正觀諸法㉑。

佛教將佛法㉒二分為「有為法」（世間法）和「無為法」（出世間法），而二者都性空（無自性），《十二門論》說：「一切法皆變異，是故當知諸法無性。」㉓又說：「一切有為法空。

㉑　《大正藏》卷一一，頁一五三中。

㉒　佛法，就是佛教的義理、真理。但在應用上，「法」的意思相當廣泛：它可指一般的規則、法則，或品德、品格；在認識論，它可指本性、屬性、性質、特質；在因明學中，它是謂詞、賓詞之意；在存有論，它可泛指存在。它的意義之廣泛，可說凡意識所能及的都是法；意識自身也可以是一種法。大抵佛教的「法」一概念，集中在倫理價值義和存有論義兩面而發展。參見吳汝鈞，《佛教的概念與方法》（臺北，商務，一九八八年九月），頁三四二。

㉓　《大正藏》卷三〇，頁一六五上。

有為法空，故無為法亦空。有為無為尚空，何況我耶?」❷❹
現在佛教以如幻、如夢、如水中月、如響、如影、如虛空、
如壽蚸、如芭蕉、如水沫等等來比擬法性，似乎也沒有什麼
不妥當，但也不然。這裏有「實物」（如壽蚸、芭蕉、水沫
等）、有「虛物」（如幻、夢、水中月、響、影、虛空等），「虛
物」可取來比擬，「實物」就有困難。倘使真要取「實物」
來比擬，就會像文中「一切諸法如芭蕉，無堅實故」或「一
切諸法如水沫，體性弱故」跟取「虛物」來比擬的「一切諸
法如夢，不實故」等等這樣發生相互牴觸的事（「無堅實」
表示還有「實」在，「體性弱」也表示還有「體性」在，這
跟佛教原先講「法性空」、「法不實」顯然格格不入）❷❺。

從上面這些例子來看，佛教也不盡能善用譬喻（佛教中
人未必會意識到這一點），以至它的指月功能就得有所保留。
換句話說，當佛教有意無意的逾越譬喻的原則後，勢必會出
現「所指非月」或「不明所指」的現象，這時我們就不便對
它寄予「厚望」。

三、譬喻接受者的不確定反應

❷❹　《大正藏》卷三〇，頁一六五下。
❷❺　《金剛般若經》以如夢、如幻、如泡、如影、如露、如電來比擬
　　佛性（《大正藏》卷八，頁七五二中）；《摩訶般若波羅蜜經》卷一
　　以如幻、如焰、如水中月、如虛空、如響、如乾闥婆城、如夢、
　　如影、如鏡中像、如化來比擬佛性（《大正藏》卷八，頁二一七
　　上），這就比較少出現像《大乘十法經》那樣自我矛盾的狀況（比
　　較不用「實物」比擬的緣故）。

　　佛教認為譬喻具有指月功能，這不但預設了使用譬喻的可能性，也預設了接受譬喻的可能性。只是這種預設存有一些難題，上節已經將使用譬喻的部分略為辨析過了，本節準備接著談論接受譬喻的部分。

　　如果說佛教使用譬喻是為了使「隱義明了」或「本義淨明」（見前），而讀者在接受譬喻時也得作出相應的領會，是一個再理想也不過的情境，我們應當「樂觀其成」。問題是讀者對譬喻的接受，同樣存在不少的疑難。《百喻經》卷一說：

> 　　昔有愚人，至於他家。主人與食，嫌淡無味。主人聞已，更為益鹽。既得鹽美，便自念言：「所以美者，緣有鹽故；少有尚爾，況復多也。」愚人無智，便空食鹽。食已口爽，反為其患。譬彼外道，聞節飲食，可以得道，即便斷食，或經七日，或十五日，徒自困餓，無益於道。如彼愚人，以鹽美故，而空食之，致令口爽，此亦復爾❷❻。

　　既然有所謂「愚人」或「外道」的存在，那麼譬喻的接受就不盡如佛教所預料的那樣一定能「因指見月」❷❼。《坐禪三昧

---

❷❻　《大正藏》卷四，頁五四三上。

❷❼　佛教還設有不少「愚人」或「外道」不能領會佛法的故事寓言，如「昔有人，乘船渡海，失一銀釪，墮於水中。即便思念：『我今畫水作記，捨之而去，後當取之。』行經二月，到師子諸國，見一河水，便入其中，覓本失釪。諸人問言：『欲何所作?』答

經》卷下說：「汝於摩訶衍中，不能了，但著言聲。摩訶衍中諸法實相，實相不可破，無有作者。若可破可作，此非摩訶衍。如月初生，一日二日，其生時甚微細；有明眼人能見，指示不見者。此不見人，但視其指，而迷於月。明者語言：癡人！何以但視我指，指為月緣，指非彼月。汝亦如是：言音非實相，但假言表實理。汝更著言聲，闍於實相。」❷ 像這

言：『我先失釪，今欲覓取。』問言：『於何處失？』答言：『初入海失。』又復問言：『失經幾時？』言：『失來二月。』問言：『失來二月，云何此覓？』答言：『我失釪時，畫水作記；本所畫水，與此無異，是故覓之。』又復問言：『水雖不別，汝昔失時，乃在於彼；今在此覓，何由可得？』 爾時眾人，無不大笑。亦如外道，不修正行，相似善中，橫計苦困，以求解脫。猶如愚人，失釪於彼，而於此覓。」（見《百喻經》卷一，《大正藏》卷四，頁五四五下）「過去之世，有一山羌，偷王庫物，而遠逃走。爾時國王，遣人四出，推尋捕得，將至王邊。王即責其所得衣處。山羌答言：『我衣乃是祖父之物。』王遣著衣。實非山羌本所有故，不知著之，應在手者，著於腳上；應在腰者，反著頭上。王見賊已，集諸臣等，共詳此事，而語之言：『若是汝之祖父已來所有衣者，應當解著；云何顛倒，用上為下，以不解故；定知汝衣，必是偷得，非汝舊物。』 借以為譬：王者如佛；寶藏如法；愚痴羌者，猶如外道。竊聽佛法，著己法中，以為自有；然不解故，布置佛法，迷亂上下，不知法相。如彼山羌，得王寶衣，不識次第，顛倒而著，亦復如是。」（見《百喻經》卷一，《大正藏》卷四，頁五四四上）但佛教卻沒有料到它所設的這些故事寓言，正隱含著它所使用的譬喻有被接受的不確定性存在（愚人或外道就領會不到它的真義）。

種「但視其指，而迷於月」的人，在現實中可能比比皆是。因此，接受者的不確定反應，也給佛教典籍中的譬喻的功能投下了一個變數。

其實，佛教也不是全無意識它所預設的譬喻接受者有一定的範限，《雜阿含經》卷一〇說：「今當說譬，大智慧者以譬得解。」 ❷又卷三四說：「今當為汝說譬，夫智者因譬得解。」 ❸《四分律》卷四四說：「我今當說譬喻，有智之人以喻自解。」 ❸所謂「大智慧者」或「智者」或「有智之人」才能了解譬喻，可見佛教使用譬喻早有限定接受對象的意思（不是要讓每個人都能接受）。 但它在闡述譬喻的指月功能時，似乎又是在對「眾生」說的，這就使得譬喻在佛教的使用中還沒有獲得妥善的「安置」。

四、可彌補「言不盡意」的遺憾

根據以上的分析，譬喻實在難以「擔負」化解「直告之不明」的困境的任務。這也許有人會引下列這個例子來反駁：「（梁惠王）謂惠子曰：『願先生言事則直言耳，毋譬也。』惠子曰：『今有人於此而不知彈者，曰：彈之狀何若？ 應之曰：彈之狀如彈，則諭乎？』王曰：『未諭也。』『於是更應曰：彈之狀如弓而以竹為弦，則知乎？』王曰：『可知矣。』惠子曰：

---

❷ 《大正藏》卷一五，頁二八四上。

❷ 《大正藏》卷二，頁七一上。

❸ 《大正藏》卷二，頁二四八上。

❸ 《大正藏》卷二二，頁八九二中。

「夫說者以其所知諭所不知，而使人知之也。」」（劉向《說苑‧善說》）所謂「以其所知諭所不知，而使人知之」，誰能說譬喻發揮不了上述的功能？但我們得知道：在這個例子中，那位不曾見過「彈」（彈弓）的人，當他聽到別人告訴他「彈之狀如弓而以竹為弦」時，誰曉得他所領會到的不是「彈」而是「弓」？再說並不見得每一次譬喻都能引人進入狀況（梁惠王起初勸惠施直言，正是擔心他使用譬喻多一層轉折後，意旨難明），那還要看說者使用譬喻的技巧如何，以及聽者知解的能力如何，才能決定（見前）。

就一般經驗來說，人對於他所沒有見識過的事物，已經很難藉由別人的直接描繪得知，何況是靠那還隔著一層的譬喻？反過來看，已經見識過該事物的人，相關的譬喻，就無法在知解上給他增加什麼（也許可以在情感上給他增加一些趣味）。這點無妨藉《大品般若經》卷四所記載的一個類似因明五分法的論理形式來作印證：

（爾時須菩提白佛言：世尊，云何為菩薩句義？佛告須菩提）

無句義是菩薩句義──主張（宗）

何以故？阿耨多羅三藐三菩提無有義處，亦無我──理由（因）

以是故，無句義是菩薩句義──結論（結）

（須菩提）譬如鳥飛虛空無有跡──實例（喻）

菩薩句義無所有亦如是──適用（合）❸❷

───────────────

❸❷　《大正藏》卷八，頁二四一。按：句例整理，參見注❺所引丁敏

一個了解「無句義是菩薩句義」的人，「鳥飛虛空無有跡」
那個譬喻對他來說顯然是多餘的；同樣的，一個不了解「無
句義是菩薩句義」的人，「鳥飛虛空無有跡」那個譬喻對他
來說可能也只是「鳥飛虛空無有跡」而已。

　　既然譬喻的使用和接受含有上述那些不確定的變數，照
理佛教就不一定要使用譬喻；而它所以要使用譬喻，主要功
能可能不在它所明示的「指月」上，而在它所未明示的為克
服「言不盡意」的困擾上。理由是：語言屬於抽象的符號，
無法表達人深刻的經驗和終極的實在❸。《易繫辭傳》說：「書
不盡言，言不盡意。」陸機〈文賦〉說：「恆患意不稱物，文
不逮意。」劉勰《文心雕龍・神思》說：「夫神思方運，萬塗
競萌，規矩虛位，刻鏤無形。登山則情滿於山，觀海則意溢
於海，我才之多少，將與風雨而並驅矣。方其搦翰，氣倍辭
前；既乎篇成，半折心始。何則？意翻空而易奇，言徵實而
難巧也。」面對這種困境，作者（說者）不是像劉勰所說「至
於思表纖旨，文外曲致，言所不追，筆固知止」（同上）那
樣自動擱筆，就是像《易繫辭傳》所說「聖人立象以盡意，
設卦以盡情偽，繫辭焉以盡其言」那樣勉為設言（「盡」字
有「概略」的意思）。而譬喻的運用，就是基於後者而藉以
解決（或突破）「言不盡意」的難題❹。因此，當直敘繁說仍

　　　書，頁九。
❸　參見沈清松，《現代哲學論衡》（臺北，黎明，一九八六年十月），
　　頁七七～八一。
❹　參見周慶華，〈比興修辭法的心理基礎〉，刊於《中央日報》（一
　　九九三年八月十九日），第十五版。

不能盡意時，使用譬喻就能「掩飾」困窘，並且可以繼續保有想要盡意的「企圖」（好比作《易》的人，明知言不盡意，仍要設卦立象繫辭來概括情意）。 雖然佛教（佛教中人）沒有意識到譬喻和為克服「言不盡意」企圖之間的聯結，但這並不代表這一聯結不存在，它可以說是「理中合有」。

五、 避免喻依和喻體的相互干擾

　　明白佛教典籍中譬喻所隱藏的問題後，大家應該有一些新的因應對策。首先，對於既有的佛教內部所出現的「譬喻，為莊嚴論議，令人信著故……譬如登樓，得梯則易上。復次，一切眾生著世間樂，聞道德、涅槃，則不信不樂，以是故眼見事喻所不見。譬如苦藥，服之甚難；假之以蜜，服之則易」❸、「眾生聽受種種不同，有好義者，有好譬喻者。譬喻可以解義，因譬喻心則樂著，如人從生端政，加以嚴飾，益其光榮。此譬喻中多以譬喻明義」❸這類反省和論斷，就得多加保留。

　　其次，對於佛教今後如果還要使用譬喻，也得知道譬喻不是「萬靈丹」， 不能使用過濫，以免失去「彿彷」傳達佛教義理的基本功能（除掉「真切」傳達佛教義理一項功能外，譬喻當還有彷似傳達了佛教義理的功能）。鍾嶸《詩品・序》說：「若專用比興，患在意深；意深則詞躓。若但用賦體，患在意浮；意浮則文散，嬉成流移，文無止泊，有蕪漫之累

---

❸　見《大智度論》卷三五，《大正藏》卷二五，頁三二〇上。

❸　見《大智度論》卷四四，《大正藏》卷二五，頁二八〇下。

也。」「患在意深」，這只是一端，還有「不知所云」一端(也就是喻依和喻體相互干擾，如第二節所引例)，　也得避免。至於讀者，也要知道譬喻在傳達佛教義理上的局限，不必強作解人，應該多去注意直敘的部分，勉力參行，才是「正道」　(當然，如果遇到精彩的譬喻；也無妨取為言說著文的借鏡；但這終究是第二義)。

第九章 轉悟與直悟

——禪宗的辯證方法學及其難題

一、理解禪宗的另一個面相：辯證方法學

相傳「（釋迦）世尊昔在靈山會上，拈花示眾。是時眾皆默然，惟迦葉尊者破顏微笑。世尊云：『吾有正法眼藏，涅槃妙心，實相無相，微妙法門，不立文字，教外別傳，付囑摩訶迦葉。』」（《無門關》）這一「教外別傳」，到了二十八祖達摩，轉往中土：「達摩受法天竺，躬至中華，見此方學人多未得法，唯以名數為解，事相為行。欲令知月不在指，法是我心故，但以心傳心，不立文字。」（《禪源諸詮集都序》卷一）從此開啟禪宗在中國流傳的契機。

由於這個宗派所標榜的是「以心傳心，不立文字」，有別於教內的依經持論，而跟中國傳統道家所主張的「道不可傳授」或儒家所主張的「不言而教」❶異曲同工，頗受此地

---

❶ 道家的「道不可傳授」，純是形上學上的意義，所謂「道可道，非常道。名可名，非常名。」（《老子》第一章）「知者不言，言者

學人的賞愛，終於在歷經南北朝、隋、唐後，形成一宗獨盛的局面❷。而它所顯現的弔詭性、妙有性、大地性（或此岸性）、自然性、人間性（世間性）、平常性（或日常性）、主體性（或實存性）、當下性（頓時性）、機用性以及審美性，曾對東方文化在哲理創新、宗教體驗、語言表達、文學藝術甚至日常生活方式等方面，注入了一股活力，到今天仍然斑斑

不知。」（同上第五十六章）「言無言，終身言，未嘗不言；終身不言，未嘗不言。」（《莊子・寓言》）都是環繞在同一個議題上。而儒家的「不言而教」，則有方法學上的意義：「子曰：『予欲無言。』子貢曰：『子如不言，則小子何述焉？』子曰：『天何言哉？四時行焉，百物生焉。天何言哉？』」（《論語・陽貨》）只是它在儒門中只佔「偏方」的位置（終究為「有教無類」「誨人不倦」一方所掩蓋）。

❷ 一般認為唐武宗（會昌五年）毀佛，給予禪宗宣揚「直指人心，見性成佛」宗義的大好機會，而逐漸獨霸了佛教界（見范壽康，《中國哲學史綱要》（臺北，開明，一九八二年十月），頁三五五；勞思光，《中國哲學史》（香港，友聯，一九八〇年十二月），第三卷上，頁二三）；或由於佛教內部精神上和戒律上的鬆弛，而禪宗獨能開創人文的新境界，以至成了唯一不衰的教派（見杜默林(Heinrich Dumoulin)，〈南宗禪〉，收於吳汝鈞，《佛學研究方法論》（臺北，學生，一九八九年九月），頁四七三～四七四；柳田聖山，《中國禪思想史》（吳汝鈞譯，臺北，商務，一九九二年九月），頁一六七～一七六）。但這些理由即使能成立（所以這樣說，是因為大家很少注意到來自道教的挑戰一環），也只能說是禪宗一枝獨秀的「助緣」，重點還在它跟中國傳統某些思想的「神似」處（容易激起人心的共鳴）。

可見❸。

　　依照小乘禪和大乘如來禪的講法，禪是成佛或悟道的方法（禪是梵語禪那的音譯，義為暝想或靜慮），所以小乘禪和大乘如來禪也叫做修習禪。而禪宗的講法剛好相反，它以為禪就是佛教本身或佛本身。因此，其他宗派所說的禪，是指經、戒、禪三者（也就是戒、定、慧三學）相互對立的那種禪；而禪宗所說的禪，則是指包括三學（超絕三學）的那種禪。本來禪宗這種禪，無法從經論中求得，必須以心傳心（由祖師的正法眼傳遞而來），所以也叫做祖師禪。但因為學人能直接領悟禪道的少，歷代祖師難免都要學人「藉教悟宗」，而自己也常以言教傳心❹。於是禪宗就有了兩種悟道的法門：一種是究竟名相教義而悟道的，一種是直接真參實證而悟道的。前者姑且稱它為轉悟，後者也姑且稱它為直悟。

　　環顧佛教各宗派，轉悟是通法，只有直悟是禪宗的獨創❺。雖然如此，這兩種方法對禪宗來說是不分軒輕的。就

---

❸　參見傅偉勳，《從創造的詮釋學到大乘佛學》（臺北，東大，一九九〇年七月），頁二四三～二六三。

❹　禪宗的「教外別傳」，是指「不隨於言教」而直指心性本真，並沒有要否定一切經教。而事實上，禪宗的發展，一直有「藉教」之處，如早期達摩以《楞伽經》傳心，到道信又以《文殊說般若經》融合《楞伽經》；而慧能的南宗禪，除了重視《金剛經》，又以《壇經》為依。參見印順法師，《中國禪宗史》（臺北，慧日講堂，一九八九年十月），頁五四～五五；蔣義斌，〈大慧宗杲看話禪的疑與信〉，刊於《國際佛學研究年刊》創刊號，一九九一年十二月，頁五〇。

如慧能所述「吾傳佛心印，安敢違於佛經？」（《壇經．頓漸品》）「經有何過，豈障汝念？只為迷悟在人，損益由己。」（同上〈機緣品〉）「執空之人有謗經，直言不用文字。既云不用文字，人亦不合語言。只此語言，便是文字之相。」（同上〈付囑品〉）經論如能助人悟道，又何必廢棄它或蔑視它？可見轉悟和直悟是同樣有效而又等值的。只是禪宗發展到後期，出現了呵佛罵祖以及焚燒佛經佛像等事，使人忘了還有轉悟一法，而且更不知道他們所強調的直悟跟他們所排斥的轉悟有著辯證的關係。

現在這裏就要來檢討這兩種方法的運作以及潛在的難題。一方面它可以重新為學人辨析一些基本的理路，另一方面它也可以給仍在風靡禪道的人提供一些「前進」的激素。至於本章所用來論說的依據或理由，後面將會加以說明，這裏就不預先提出了。

二、禪宗辯證方法學的形成

禪宗原屬如來藏系，認為有一個不生不滅的清靜心。這

❺ 這跟向來就有的頓悟、漸悟二名不能相混。《壇經．定慧品》說：「本來正教，無有頓漸。人性自有利鈍，迷人漸修，悟人頓契。自識本心，自見本性，即無差別。所以立頓漸之假名。」依此頓悟、漸悟只涉及時間的長短，而不關方法問題。再說漸悟在悟的當下無不是「頓」，而頓悟在未悟以前也無不是「漸」，二者根本難以分辨（參見鈴木大拙，《禪天禪地》（徐進夫譯，臺北，志文，一九八一年九月），頁一四一～一四八）。

個清靜心或稱自性，或稱佛性，或稱菩提，或稱涅槃（此外或稱法身，或稱真如，或稱如來藏，或稱主人翁，異名甚多），本來是人天生所具有，只因為盲目的意欲將它掩蔽了。禪宗為了重新彰顯它，就提出一個根本的主張：「見性成佛」。所謂「禪家流，欲知佛性義，當觀時節因緣，謂之教外別傳，單傳心印，直指人心，見性成佛。」（《碧巖錄》第一四則）「汝之本性，猶如虛空，了無一物可見，是名正見；無一物可知，是名真知。無有青黃長短，但見本源清靜，覺體圓明，即名見性成佛，亦名如來知見。」（《壇經‧機緣品》）正點出這一要義。

在禪宗的講法，見性是見自性，成佛是見性後所達到的寂靜自在境界，兩者有互相包攝的關係。換句話說，見性和成佛是一體呈現的。這有兩種說辭：一種是「若識自性，一悟即至佛地。」（《壇經‧般若品》）一種是「自心是佛……心外無別佛，佛外無別心。」（《景德傳燈錄》卷六）前者還有階次性佛的意味，後者則逕以性（心）為佛（以性為佛，自然見性就是成佛）。　而這當中的關鍵，就在主體的能悟或覺（相對的就是迷）：「若開悟頓教，不執外修，但於自心常起正見，煩惱塵勞，常不能染，即是見性。」（《壇經‧般若品》）因此，「自性迷，即是眾生；自性覺，即是佛。」（同上〈疑問品〉）人人都有可能在一念悟間擁有絕對（無待）的自由。

從整體來看，禪宗的「見性成佛」是不依任何經教，而由「直指人心」完成的。這是由於只有「人心」才是一切經典所從來的根源，才是使所有的教法成其為教法的真理依據。「人心」（作為釋迦世尊的自內證而最初由他所自覺到的心）

是經典的根源，是教法的依據，這點在佛教所有宗派都同樣認許，並不限於禪宗。但其他宗派以為只有透過所依的經典和世尊所說的教法，才能達到世尊所自覺到的心；而禪宗則以為我們不必通過經典和教法，就可達到跟世尊所自覺的相同的心❻：「善知識，一切修多羅及諸文字、大小二乘、十二部經，皆因人置，因智慧性，方能建立。若無世人，一切萬法本自不有。故知萬法本自人興。一切經書，因人說有。緣其人中有愚有智；愚為小人，智為大人。愚者問於智人，智者與愚人說法。愚人忽然悟解心開，即與智人無別。善知識，不悟即佛是眾生；一念悟時，眾生是佛。故知萬法盡在自心，何不從自心中頓見真如本性？《菩薩戒經》云：『我本元自性清靜，若識自心見性，皆成佛道。』」（《壇經・般若品》）這就是禪宗的獨特處。

然而，禪宗真的不依賴經教嗎？這又不然。就以慧能述《壇經》來說，所徵引的書就遍及教內共尊的重要經典（如《金剛經》、《大般涅槃經》、《維摩經》、《淨名經》、《菩薩戒經》、《法華經》、《楞伽經》等），而他當初也是聽五祖弘忍說《金剛經》到「應無所住而生其心」句才大悟的（《壇經・行由品》）。以後公案盛行，修行者「參禪須透祖師關，妙悟要窮心路絕。祖關不透，心路不絕，盡是依草附木精靈。且道如何是祖師關？只者一個無字，乃宗門一關也。」（《無門關》）這也是經教依賴（只不過形式不同罷了）。因此，要說禪宗絕棄經教，就不免罔顧事實；最多只能說禪宗重在直證

---

❻ 參見阿部正雄，〈禪與西方思想〉，收於注❷所引吳汝鈞書，頁四〇八。

本心，而不以經教為念而已。所謂「三世諸佛，十二部經，在人性中本自具有。不能自悟，須求善知識指示方見；若自悟者，不假外求。若一向執謂須他善知識望得解脫者，無有是處。」（《壇經・般若品》）這正做了最好的說明。

雖然禪宗強調「諸佛妙理，非關文字」（《壇經・機緣品》），但文字（經教）作為證悟妙理的憑藉所具有的「筌蹄」功能，也不容忽視；況且它還有「印可自心」、指引依行方向的作用呢：「凡稱知識，法爾須明佛語，印可自心。若不與了義一乘圓教相應，設證聖果，亦非究竟。」（《宗鏡錄》卷一）「禪宗法者，應依佛語一乘了義，契取本原心地，轉相傳授，與佛道同。」（同上）「縱依師匠，領受宗旨，若與了義教相應，即可依行；若不了義教，互不相許。」（同上）這就顯示禪宗在激發學人自識本心之餘，也為學人預設了必要時的進階憑據。而學人既可以透過經教來直證本心，也可以一空依傍去了悟自性，因而保證了轉悟和直悟兩個方法命題的成立。

理論上是這樣說，實際上這兩個悟道的法門仍難以截然劃分。原因就在如果沒有經教說解，就不知道什麼是自性以及是否已經了悟；相反的，如果沒有了悟經驗，也就無從理解經教義涵以及直證本心如何可能。倘若我們不因此就否定它們的存在意義（必要性），而把轉悟和直悟看成是一種方便設施，彼此有著相互制約（牽就）的關係，那就可以說它們構成了禪宗獨有的辯證方法學。這套方法學，是禪宗的主張得以實現的依據。換句話說，「見性成佛」要在轉悟和直悟兩種方法的交互運作中達成。而在不強分手段的差異（轉或

直）情況下，我們也不妨說悟是禪宗的終始教法（有別於其他宗派以收斂意念、鍛鍊意志等戒定工夫為階次教法）。

三、禪宗辯證方法學的運作情況

根據心理學、腦科學的研究成果，可知悟發生的心理機制是：人的潛意識活動在一定範圍內得到顯意識功能的合作，經歷了一個孕育的過程，當孕育成熟時就突然溝通，湧現於意識，終於靈感頓發❼。因此，當一個主體的行動意志出現後，直到他能完全領會該行動目的為止，就一定是這種機制的不斷作用。而以禪悟來說，那個寂靜自在的佛境界，就是它的終極目標所在。每一個主體在採取行動趨向此一目標的過程中，他所需要的資源必然是能促發領悟該境界相關的潛意識和顯意識。而這種潛意識和顯意識到底如何個別形成以及相互溝通，卻有不知從何論起的困難。

這點禪宗還無力解決，但它別有一番說辭：「善知識，我此法門從上以來，先立無念為宗，無相為體，無住為本。無相者，於相而離相。無念者，於念而無念。無住者，人之本性。於世間善惡好醜，乃至冤之與親，言語觸刺欺爭之時，並將為空，不思酬害。念念之中，不思前境。若前念今念後念，念念相續不斷，名為繫縛。於諸法上念念不住，即無縛也，此是以無住為本。善知識，外離一切相，名為無相。能離於相，則法體清靜，此是以無相為體。善知識，於諸境上

---

❼　參見張永聲主編，《思維方法大全》（江蘇，科學技術，一九九一年一月），頁一○八。

心不染，曰無念。於自念上常離諸境，不於境上生心。若只百物不思，念盡除卻，一念絕即死，別處受生，是為大錯，學道者思之……所以立無念為宗。」（《壇經‧定慧品》）禪宗就以這些名相（概念）權印在個別主體的腦海，希冀它能成為個別主體領悟禪境所需的資源。而個別主體似乎也很難不藉這些名相達到領悟禪境的目的。

如果嫌這些名相過於概括（抽象），禪宗也有一些補救的辦法。如「師（百丈懷海）侍馬祖行次，見一群野鴨飛過，祖曰：『是什麼？』師曰：『野鴨子。』祖曰：『甚處去也？』師曰：『飛過去也。』祖遂把師鼻扭，負痛失聲。祖曰：『又道飛過去也！』師於言下有省……。」（《五燈會元》卷三）「有源律師來問：『和尚修道，還用功否？』師（大珠慧海）曰：『用功。』曰：『如何用功？』師曰：『饑來吃飯，困來即眠。』曰：『一切人總是如是，同師用功否？』師曰：『不同。』曰：『何故不同？』師曰：『他吃飯時不肯吃飯，百種須索；睡時不肯睡，千般計校，所以不同也。』律師杜口。」（《景德傳燈錄》卷六）這以（盡可能手段）較具體方式說解「無念」「無相」「無住」的道理。

又如「有沙彌道信，年始十四，來禮師（僧璨）曰：『願和尚慈悲，乞與解脫法門。』師曰：『誰縛汝？』曰：『無人縛。』曰：『何更求解脫乎？』信於言下大悟。」（《景德傳燈錄》卷三）「僧問：『如何是解脫？』師（石頭希遷）曰：『誰縛汝？』又問：『如何是淨土？』師曰：『誰垢汝？』問：『如何是涅槃？』師曰：『誰將生死與汝？』」（同上卷一四）這以反詰方式暗示「無念」、「無相」、「無住」的道理。

　　又如「僧問：『如何是佛法大意？』師（青原行思）曰：『盧陵米作麼價？』」（景德傳燈錄》卷五）「僧問：『如何是學人自己？』師（趙州從諗）曰：『吃粥了也未？』僧云：『吃粥也。』師云：『洗鉢去。』」（同上卷一〇）這以遣思或擬譬方式指向「無念」、「無相」、「無住」的道理。

　　又如「師（臨濟義玄）謂僧曰：『有時一喝如金剛王寶劍，有時一喝如踞地獅子，有時一喝如探竿影草，有時一喝不作一喝用。汝作麼生會？』僧擬議，師便喝。」（《五燈會元》卷一一）「（德山宣鑒）示眾曰：『道得也三十棒，道不得也三十棒。』臨濟聞得，謂洛浦曰：『汝去問他，道得為什麼也三十棒。待伊打汝，接住棒送一送，看伊作麼生？』浦如教而問，師便打。浦接住，送一送，師便歸方丈。浦回舉似臨濟，濟曰：『我從來疑著這漢，雖然如是，你還識德山麼？』浦擬議，濟便打。」（同上卷七）這以（棒喝）截斷執著方式凸顯「無念」、「無相」、「無住」的道理。

　　又如「（德山宣鑒）上堂：『我先祖見處即不然，這裏無祖無佛，達摩是老臊，釋迦老子是乾屎橛，文殊普賢是擔屎漢，等覺妙覺是破執凡夫，菩提涅槃是繫驢橛，十二分教是鬼神簿、拭瘡疣紙，四果三賢初心十地是守古塚鬼，自救不了。』」（《五燈會元》卷七）這以去除偶像方式導出「無念」、「無相」、「無住」的道理。

　　以上這些都是禪宗提供給學人悟道的資源。學人勤於揣摩解會，就有可能趨入實相世界，親證自性。當然，只要學人的智慧足夠，也可以不必經由這些名相（棒喝也是名相的形式之一）引導而直接契入本體（與道冥合）。但因為悟道

多在個別境遇上進行，只要有新境（事物）生現，過去的解
悟就必須再修證❽，以至直接體悟唯恐不足，仍得藉助名相
來相互勘驗，最後演變成直悟依然要跟轉悟交疊運作的情況。
而當學人有直悟的經驗後，遇到那些名相也能很快知曉而當
下證道，致使每一次第的轉悟也少不了直悟的先行經過。這
在已經悟道的學人身上，大概也難以分辨清楚（尚未悟道的
學人就更不用說了）， 但對於底下禪宗所揭示的「心迷法華
轉，心悟轉法華。誦經久不明，與義作讎家。無念念即正，
有念念成邪。有無俱不計，長御白牛車」（《壇經‧機緣品》）
一段話，如果不從轉悟和直悟的辯證角度去看，就無法判斷
它是怎麼可能的。

　　大體上，有關禪悟的心理機制，可說已經不可究詰；但
有關禪悟的實際發生，卻能肯定是由直接體察和藉助名相交
互參證的結果。因此，我們對於禪宗一邊強調自性「說似一
物即不中」而只得默傳密付（以心傳心）， 一邊又喋喋不休

---

❽　禪宗講修證，主要是為了淨除「現業流識」和防止再受「污
　　染」：「時有僧問：『頓悟之人更有修否？』師（溈山靈祐）云：『若
　　真悟得本，他自知時，修與不修，是兩頭語。如今初心雖從緣得，
　　一念頓悟自理，猶有無始曠劫習氣未能頓淨，須教渠淨除現業流
　　識，即是修也。』」（《景德傳燈錄》卷九）「祖（慧能）問：『什麼
　　處來？』（南嶽懷讓）曰：『嵩山來。』祖曰：『什麼物恁麼來？』
　　曰：『說似一物即不中。』祖曰：『還可修證否？』曰：『修證即不
　　無，污染即不得。』祖曰：『只此不污染，諸佛之所護念，汝既如
　　是，吾亦如是。』」（同上卷五）但這都要關聯到境來說。因為境
　　相續不斷，前悟後還需再悟。而這才有修證的必要。

的營造那麼多語言文字（禪籍）， 也就不難理解了。換句話
說，那個被禪宗說成是「向上一路，千聖不傳，學者勞形，
如猿捉影」（《碧巖錄》第一二則）的寂靜自在境界，就在這
些語言文字的擬譬形容中，等待有心人前來參酌發悟。至於
結果是否能「不隨一切語言轉，脫體現成」（同上第一則）
或「情盡見除，自然徹底分明」（同上第六五則），那就看各
人的造化了。

四、 禪宗辯證方法學的難題

平心而論，禪宗標榜如來藏系以來所標榜的清靜心，以
及提出一套使該清靜心得以實現的辯證方法學，都很吸引人。
前者讓人終於知道了卻（脫）煩惱塵勞（包含生死）的根據
在那裏❾，後者也讓人終於明白要了卻煩惱塵勞到底如何可
能。如果我們只順著禪宗的思路來看，當然會得出這樣的結
果。但如果我們稍為變換一下角度，改從方法學的面相來看，
恐怕就不這麼樂觀了。

首先，禪宗認為方法只是筌蹄，終究要以得道為依歸，
而不能逕（僅）以知解它為滿足。有一則公案記載：「祖（慧
能）告眾曰：『吾有一物，無頭無尾，無名無字，無背無面，
諸人還識否？』師（神會）乃出曰：『是諸法之本源，乃神會
之佛性。』祖曰：『向汝道無名字，汝便喚作本源佛性。』師禮

---

❾ 人如能因此證得該清靜心，照理說應該就可以免除煩憂，了脫生
死。參見巴壺天，《禪骨詩心集》（臺北，東大，一九八八年九
月），頁一三〇～一三五。

拜而退。祖曰：『此子向後設有把茆蓋頭也，只成得個知解宗徒。』」(《五燈會元》卷二) 神會自以為認識佛性 (得著成佛的方法)，但在慧能看來他根本還未能在具體情境中展現得道的意態，所以只許一個不雅的「知解宗徒」名號。這就充分顯示禪宗不要人執著方法層次，而要「向上一路」契會道樞❿。問題是人契會道樞時所感受到的自性本身又是什麼？這點在釋迦時代，就沒能說明清楚：「所以一切聲色，是佛之慧目。法不孤起，仗境方生。為物之故，有其多智。終日說，何曾說；終日聞，何曾聞。所以釋迦四十九年說，未嘗說著一字。」(《宛陵錄》) 後來禪宗所作的講解，也僅止於概括性的描繪。如「自性本自清靜」「自性本不生滅」「自性本自具足」「自性本無動搖」「自性能生萬法」(並見《壇經・行由品》)「此靈覺性，無始以來，與空虛同壽。未曾生，未曾滅，未曾有，未曾無，未曾穢，未曾淨，未曾喧，未曾寂，未曾少，未曾老，無方所，無內外，無數量，無形相，無色

---

❿ 更有甚者，連那佛境界已到也不能滯著，總要活潑潑地自在應物：「兜率悅和尚設三關問學者：『撥草參玄，只圖見性，即今上人，性在甚處？識得自性方脫生死，眼光落時怎麼生脫？脫得生死便知去處，四大分離向甚處去？』」(《無門關》)「石霜和尚云：『百尺竿頭如何進步？』又古德云：『百尺竿頭坐底人，雖然得入未為真，百尺竿頭須進步，十方世界現全身。』」(同上)「爾若欲得生死去住脫著自由，即今識取聽法底人。無形、無相、無根、無本、無住處，活鱍鱍地，應是萬種施設，用處只是無處。」(《臨濟錄》) 不然，就會形成「枯禪」，或淪為「蛤蟆禪」、「野狐禪」、「老婆禪」。

像，無音聲，不可覓，不可求，不可以智識解，不可以言語取，不可以景物會，不可以功用到。諸佛菩薩與一切蠢動眾生同大涅槃性。性即是心，心即是佛，佛即是法。」（《傳心法要》） 這樣誰還能確定自己真正證得了自性（並且也能確定別人只到「知解宗徒」地步）？同時也能相信「以心傳心」為可能（有效）？

其次，禪宗肯定自性是人人天生具足，必須自證自悟，完全假藉不得人手。「光（神光慧可）曰：『我心未寧，乞師與安。』師（達摩）曰：『將心來，與汝安。』曰：『覓心了不可得。』師曰：『我與汝安心竟。』」（《景德傳燈錄》卷三）「（僧璨）問師曰：『弟子身纏風恙，請和尚懺罪。』師（慧可）曰：『將罪來與汝懺。』居士良久云：『覓罪不可得。』師曰：『我與汝懺罪竟，宜依佛法僧住。』」（同上）這兩則公案就是最好的證明。而禪宗為了使學人能及早證得自性，也極盡能事的提出（發明）各種方便法門（見前）供學人參考。只是在自性本身的真實狀態尚未確定以前，大家要根據什麼來判斷是否證得了自性？「（道明）乃曰：『我來求法，非為衣也，願行者開示於我。』祖（慧能）曰：『不思善，不思惡，正恁麼時，阿那個是明上座本來面目？』師當下大悟。」（《景德傳燈錄》卷四）「（龐蘊）參問馬祖云：『不與萬法為侶者是什麼人？』祖（馬祖）云：『待汝一口吸盡西江水，即向汝道。』居士言下頓領玄要。」（同上卷九）「一夕侍立次，潭（龍潭崇信）曰：『更深何不下去？』師（德山宣鑒）珍重便出，卻回曰：『外面黑。』潭點紙燭度與師，師擬接，潭復吹滅，師於此大悟，便禮拜。」（《五燈會元》卷七）這幾個

例子中的學道者都表示領悟了自性，他們所根據的標準到底是什麼，有誰知道？如果沒有人知道，一切的方便法門豈不是虛設？而像底下的例子：「師（臨濟義玄）應機多用喝，會下參徒亦學師喝，師曰：『汝等總學我喝，我今問汝：有一人從東堂出，一人從西堂出，兩人齊喝一聲，這裏分得賓主麼？汝且作麼生分？若分不得，已後不得學老僧喝。』」（同上卷一一）「師（興化存獎）謂眾曰：『我只聞長廊也喝，後架也喝，諸子汝莫盲喝亂喝，直饒喝得興化向半天裏住卻撲下來氣欲絕，待興化蘇息起來向汝道未在。何以故？我未曾向紫羅帳裏撒真珠與諸人，虛空裏亂喝作什麼？』」（《景德傳燈錄》卷一二）又有誰能分辨先後用喝的人，那一個真的悟得自性，那一個還未悟得自性？既然這樣，那有沒有悟道的法門，又何必在乎？禪宗方法學的難題就在這裏。

　　假使我們採取不同情的解說，幾乎可以宣判禪宗方法學的無效。但為了肯定禪宗在安頓（提昇）生靈方面的功能，我們反要採取同情的解說，才能認得它的意義（價值）所在。基本上，禪宗所講的寂靜自在境界，跟西方從柏拉圖以來所講的抽象理念世界，兩者在思考模式上有點類似。西方人所認定的宇宙中有個不變的事物（理念世界），其實只是一種戲設（假設）。因為事物不斷在變動，變動前不知為何（不知起源），變動後也不知為何（不知終極），主體我的推知，僅僅是一種片面之詞。由於主體我先預設了目的（理念世界），所以會把相關性的事物選出、串連，依循一些主觀的情見，作序次性的由此端推向彼端或由下層（直觀現象）推向上層（理念本體）的辯證活動。殊不知物物之間、人人之間、人

物之間不僅互涉重重，而且當中並置未涉的同時仍然互為指證，這又不是序次性秩序所能表詮的⓫。禪宗所認定的人身上有個不著不染的心（人可以恆久寂靜自在），　也是相近這種情況。換句話說，人心著染或不著染，根本無法辨別（誰有能耐設立一個標準來衡量著染或不著染的情況呢）。因此，那個寂靜自在境界，就只是可「信仰」的對象，而不是可「認知」的對象。明白這一點，禪宗的方法學仍然可以再予討論。

五、 化解禪宗辯證方法學難題的方案

不論禪宗說出多少像「世人性本清淨，萬法從自性生。思量一切惡事，即生惡行。思量一切善事，即生善行。如是諸法在自性中，如天常清，日月常明，為浮雲蓋覆，上明下暗。忽遇風吹雲散，上下俱明，萬象皆現。」（《壇經・懺悔品》）「（大梅法常曰）若欲識本，唯了自心，此心元是一切世間出世間法根本。故心生種種法生，心滅種種法滅。心但不附一切善惡而生，萬法本自如如。」（《景德傳燈錄》卷七）這樣鼓舞學人的證道話，我們都不能否認沒有任何方法可以趨入禪宗假定的寂靜自在境界。那個境界完全是學人自己的想像契會，而學人的每一次想像契會經驗也都是個別的、獨特的（無法取代），　一如輪扁的斲輪那樣「得之於手而應於心，口不能言，有數存焉。」（《莊子・天道》）⓬但這並不代

⓫ 參見葉維廉，《歷史、傳釋與美學》（臺北，東大，一九八八年三月），頁一一八～一二三。

⓬ 有人認為禪宗所講的自性是絕對的本體，不可言說，也不可思議。

表那些方法都沒有意義。那些方法仍是悟道者經驗部分的條理化（有語言相對應而可說的那部分），對初學者來說，也不失為便捷的指南。

有這點認識，我們再來看宗寶和賓客的一段對話，也就能豁然開朗了：「或曰：『達摩不立文字，直指人心，見性成佛。盧祖六葉正傳，又安用是文字哉？』余曰：『此經非文字也。達摩單傳直指之指也。南嶽、青原諸大老，嘗因是指以明其心；復以之明馬祖、石頭諸子之心。今之禪宗，流布天下，皆本是指。而今而後，豈無因是指而明心見性者耶？』」（〈壇經跋〉）宗寶不以《壇經》為文字，而認它是達摩單傳直指之指，正是朝著那是悟道經驗的方向思考，而跟常人直接從理論演繹的角度去看不同。也因為這樣，禪宗強調悟道是一個辯證性的過程（轉悟和直悟交相滲透的互動），才有意義。換句話說，循著前行悟道者化為文字的經驗軌跡，加上自己的摹擬想像，有關到達寂靜自在境界的途徑就盡在這裏，從而彰顯了方法的重要性。

不過，由於每一個別主體對寂靜自在境界的感受或體會不盡相同，彼此很少有「對話」的可能（別人無法了解非親身感受或體會的實際狀況），只有仰賴開闊（有包容性）的胸襟去「意會」別人的經驗，去「肯定」別人的經驗。過去禪宗所以能夠傳承（「以心傳心」所以可能），所憑藉的應該

因為一用言說或思議，就有主客能所的對立，它就不是絕對的了（見注❷所引范壽康書，頁二八七；注❾所引巴壼天書，頁一○）。其實，並不是這麼一回事。自性所以不可言說，只因為每人體會到它時一陣精神怡悅，難以用語言形容而已。

就是這一點。今後禪宗（禪道）要繼續發展，相信也得憑藉
這一點才行。而基於以往已有的經驗，學人除了個人努力於
悟道改變人生，也無妨隨時留下「標月之指」， 以享同好。
畢竟當今人心的浮靡、物慾的橫流遠甚於昔日，更需要一個
實相世界相導引，庶幾可望不再有危疑震撼、深陷困頓，使
眼前（社會）展現一片祥和光明。這樣看來，學人們的肩負
（去開發實相世界），就不是過往禪師們的肩負所可同日而語
了。

第十章　「格義」學的歷史意義與現代意義

一、「格義」方法學的提出

　　佛教東來初期，以《般若經》最受人歡迎；僧界名流多有據以為譯述講論❶。當時有竺法雅、釋道安、釋慧遠等人，以經中事數，擬配外書，著為條例，以便曉悟徒眾，就權稱為「格義」。從方法學的角度來看，「格義」不只是一種接引的法門，也是理解外學的必經途徑。雖然在釋道安晚期非議「先舊格義，於理多違」（《高僧傳·釋僧光傳》），及僧叡於鳩摩羅什來後申言「格義迕而乖本」（〈毘摩羅詰提經義疏序〉），爾後「格義」就廢棄不用；但是那只是表面上「自覺」的揚棄，實地裏他們仍「不自覺」的在襲用「格義」。即使跟「格義」並時分流的「六家七宗」論說，或稍後流行於南北的各家師說，或隋唐時興起的諸多宗派教義，也都不能脫離這一習套。因為「格義」所「格量」的外書❷，就是當今

❶　參見湯用彤，《漢魏兩晉南北朝佛教史》（臺北，駱駝，一九八七年八月），上冊，頁一五三～一八六。

❷　格字在當時的用法，還有扞格一義，如《高僧傳·鳩摩羅什傳》說：「自大法東被，始於漢明，涉歷魏晉，經論漸多。而支、竺

詮釋學所說的「先見」（先期理解）。「先見」可以修正或擴充，卻不能拋棄；拋棄了「先見」，也就無從理解和傳說。向來文獻所載道安、羅什後，普遍認為「格義」迂闊，不再採用。那是佛教經論紛至沓來，給予大家多方的刺激，而局部改變了既有的「先見」，並不是「格義」已經完全消失了。

　　本章就是想要探討「格義」這一方法學的正當性和必要性。而行文的順序是，先說明「格義」學的現象及其迴響；其次就「格義」學後的發展尋繹出該方法仍被使用；最後依據詮釋學理論判斷「格義」學在現代仍具有意義。至於論題中的「現代」和「歷史」分列，只是為了方便論說，實際上並沒有可加以區別的專屬特性。換句話說，「歷史」是一個連續體，除非到了「臨界點」而自我終結，不然是無法從中劃分出一個「現代」來的。

二、「格義」方法學的現象

　　所謂「格義」，是指以中國書（特別是《老子》和《莊子》）中義理比附佛經中義理。《高僧傳·竺法雅傳》說：「竺法雅……少善外學，長通佛義。衣冠仕子，或附諮稟。時依雅門徒，並世典有功，未善佛理。雅乃與康法朗等，以經中事數，擬配外書，為生解之例，謂之格義。及毗浮、曇相等，亦辯格義，以訓門徒。雅風彩灑落，善於樞機。外典佛經，遞互講說。」傳中所說的「外書」「外典」，都指跟佛經相對的中國書❸。論者大多根據本傳而判斷「格義」為竺法雅所

所出，多滯文格義。」這裏只取格量義。

創。但是從慧叡《喻疑論》中提及「格義」的一段話看來，似乎又不是這樣。《喻疑論》說：

> 昔漢室中興，孝明之世……當是像法之初。自爾以來，西域名人，安侯之徒，相繼而至。大化文言漸得淵照邊俗，陶其鄙俗。漢末魏初，廣陵、彭城二相出家，並能任持大照，尋味之賢，始有講次。而恢之以格義，迂之以配說。

依照這段話，「格義」不始於竺法雅，而是漢魏以來舊習。不論如何，「格義」成為一種方法學，是佛學東傳後引起的，這一點應該沒有疑問。

　　至於竺法雅、康法朗、毗浮、曇相等人所行「格義」，一向缺乏傳錄，不得其詳；只有釋道安、支遁等人，還有部分可見。釋道安〈安般經注序〉說：

> 安般者，出入也。道之所寄，無往不因。德之所寓，無往不託。是故安般寄息以成守，四禪寓骸以成定也。寄息故有六階之差，寓骸故有四級之別。階差者，損之又

---

❸ 另有所謂「連類」一法，《高僧傳・釋慧遠傳》說：「釋慧遠……博綜六經，尤善《莊》《老》……年二十一……時沙門釋道安，立寺於太行恆山……遠遂往歸之……年二十四，便就講說，嘗有客聽講，難實相義，往復移時，彌增疑昧。遠乃引《莊子》義為連類，於是惑者曉然。」 這種「連類」法，類似「格義」的擬配外書，彼此應該沒有本質上的差異。

損之，以至於無為。級別者，忘之又忘之，以至於無欲
也。無為故無形而不因，無欲故無事而不適。無形而不
因，故能開物。無事而不適，故能成務。成務者，即萬
有而自彼開物者，使天下兼忘我也。彼我雙廢者，寄於
唯守也。

這以《老子》的「損之又損」、《莊子》的「忘之又忘」及《周
易》（傳）的「開物成務」等義，比附佛學中的坐禪息念，這
就是「格義」。支遁〈大小品對比要抄序〉說：

夫般若波羅蜜者，眾妙之淵府，群智之玄宗，神王之所
由，如來之照功。其為經也，至無空豁，廓然無物者也。
無物於物，故能齊於物。無智於智，故能運於智……般
若之智，生乎教跡之名。是故言之則名生，設教則智存。
智存於物，實無跡也；名生於彼，理無言也。何則？至
理冥壑，歸乎無名。無名無始，道之體也。無可無不可
者，聖之慎也。苟慎理以應動，則不得不寄言。宜明所
以寄，宜暢所以言。理冥則言廢，忘覺則智全。若存無
以求寂，希智以忘心。智不足以盡無，寂不足以冥神。
何則？蓋有存於所存，有無於所無。存乎存者，非其存
也。希乎無者，非其無也。何則？徒知無之為無，莫知
所以無。知存之為存，莫知所以存。希無以忘無，故非
無之所無。寄存以忘存，故非存之所存。莫若無其所以
無，忘其所以存。忘其所以存，則無存於所存。遺其所
以無，則忘無於所無。忘無故妙存，妙存故盡無。盡無

則忘玄，忘玄故無心。然後二跡無寄，無有冥盡。是以
諸佛因般若之無始，明萬物之自然。眾生之喪道，溺精
神乎欲淵。悟群俗以妙道，漸積損以至無。設玄德以廣
教，守谷神以存虛。齊眾首於玄同，還群靈乎本無。

這也以《老子》的「損之又損」、《莊子》的「忘之又忘」義
來講佛經，自然也是「格義」。 以上二則，雖然不足以概括
竺法雅等人所從事的「以經中事數，擬配外書，為生解之
例」❹，但也可以看出「格義」學的一般情況。

三、「格義」方法學的迴響

在流行以中國書中義理比附佛經中義理之際，也有以佛
經中義理比附中國書中義理。其中大概以支遁最擅長此道。
今《世說新語・文學》注中，就有一段他在當時為「諸名賢
尋味之所不得」的〈逍遙論〉：

夫逍遙者，明至人之心也。莊生建言大道，而寄指鵬鷃。
鵬以營生之路曠，故失適於體外。鷃以在近而笑遠，有
矜伐於心內。至人乘天正而高興，遊無窮於放浪，物物
而不物於物，則遙然不我得。玄感不為，不疾而速，則
逍然靡不適，此所以為逍遙也。若夫有欲當其所足，足

---

❹ 竺法雅所說的「事數」，據《世說新語・文學》注說是「謂若五
陰，十二入，四諦，十二因緣，五根，五力，七覺之屬」，但不
知如何與外書擬配。

> 於所足，快然有似天真，猶飢者一飽，渴者一盈，豈忘
> 烝嘗於糗糧，絕觴爵於醪醴哉？苟非至足，豈所以逍遙
> 乎？

這以佛經的「空觀」，闡釋《莊子》的「逍遙」義，形成另
一種「格義」。不過，這不關佛經義理的損益問題，僧界中
人少有議論。倒是前一種「格義」，案發後就出現相反意見，
直到現代仍不乏附和者，頗有值得我們注意的地方。

就現有的文獻看來，釋道安是第一個反對「格義」的人。
《高僧傳・釋僧光傳》說：

> 釋僧光……為沙彌時，與道安相遇於逆旅……光受戒已
> 後……隱於飛龍山……道安後復從之，相會欣喜，謂昔
> 誓始從，因共披文屬思，新悟尤多。安曰：「先舊格義，
> 於理多違。」光曰：「且當分析逍遙，何容是非先達？」安
> 曰：「弘贊理教，宜令允愜，法鼓競鳴，何先何後？」

傳中所說「先達」，指竺法雅。釋道安和竺法雅同學於佛圖澄。
竺法雅後立寺於高邑，以「格義」訓門徒。釋道安深覺不妥，
才有「格義」違理云云。但從釋道安語中並議先舊「格義」
推測，釋道安年輕時必定也用過「格義」；及在飛龍山，學
有進步，才知道「格義」於理多違。由於「格義」方法是把
佛學名相規定成為中國固有類似的概念，不免流於章句是務，
而失其原先的旨趣。對於這一點，釋道安在〈道行經序〉中，
有過嚴厲的批判：

> 然凡諭之者，考文以徵其理者，昏其趣者也；察句以驗
> 其義者，迷其旨者也。何則？考文則異同每為辭，尋句
> 則觸類每為旨。為辭則喪其卒成之致，為旨則忽其始擬
> 之義矣。

執著文句會造成迷亂，只有注意經中旨趣，才能免除此弊。
「若率初以要其終，或忘文以全其質者，則大智玄通，居可
知也」（同上），就是這個道理。

　　釋道安稍後，僧叡撰寫〈毘摩羅詰提經義疏序〉，也曾
批評過「格義」：「自慧風東扇，法言流詠已來，雖曰講肆，
格義迂而乖本，六家偏而不即。」僧叡說這話時，鳩摩羅什已
經來華傳教，法席昌盛，經義大明，舊有「格義」學自然不
合時宜了。

　　這是一般的見解。而今人也都認為「格義」無當於佛教
義理，應該以經解經或就經論經，才是正途。這時要看看「突
出之論」，簡直就是奢想。最多只能看到類似下面這種「似
褒實貶」的「擬高明」話：

> 大凡世界各民族之思想，各自闢塗徑。名辭多獨有含義，
> 往往為他族人民所不易了解。而此族文化輸入彼邦，最
> 初均牴牾不相入。及交通稍久，了解漸深。於是恍然於
> 二族思想固有相同處。因乃以本國之義理，擬配外來思
> 想。此晉初所以有格義方法之興起也。迨文化灌輸既甚
> 久，了悟更深，於是審知外族思想，自有其源流曲折，
> 遂瞭然其畢竟有異，此自道安、羅什以後格義之所由廢

> 棄也。況佛法為外來宗教，當其初來，難於起信，故常
> 引本國固有義理，以申明其並不誕妄。及釋教既昌，格
> 義自為不必要之工具矣。❺

這段話只承認「格義」的「權宜性」， 而不承認「格義」的
「合法性」， 這等於宣判了「格義」的極刑！然而，「格義」
所格量的對象（佛經）， 誰知道它的原旨是什麼？每一個人
在譯述或闡釋它時，如果不根據自己已有的知識觀念，那譯
述或闡釋又如何可能？既然大家都要根據自己已有的知識觀
念去譯述或闡釋佛經，這已有的知識觀念就不能不是「格義」
所藉來比附的「外書」。這樣「格義」就不是吸收外來學術（思
想）的工具（手段）， 而是必要的門徑了。所以上文所說的
「以本國之義理，擬配外來思想。此晉初所以有格義方法之
興起也……及釋教既昌，格義自為不必要之工具矣」， 看來
好像「面面俱到」，實際卻沒有半句的當。為了說明這一點，
我們不妨先來看看「格義」被運用的「實際」情形。

四、「格義」方法學的「後續」發展

　　學者多以為「格義」在釋道安、僧叡等人大力批駁後，
就沒人再去採用了。但我們從許多跡象來看，「格義」不僅
沒有消失，還一直被沿用下來。這可以分兩點來說：第一，
原先以《老》、《莊》等書義理擬配佛經義理的風氣仍然存在。
如由詮釋《般若經》意見不同而衍生的「六家七宗」❻， 幾

---

❺　同注❶，頁二三四。

乎沒有一家不用這種「格義」方法。吉藏《中觀論疏》說：

> 什法師未至長安，本有三家義。一者釋道安明本無義。
> 謂無在萬化之前，空為眾形之始。夫人之所滯，滯在末
> 有；若詫心本無，則異想便息……詳此意安公明本無者，
> 一切諸法，本性空寂，故云本無……次深法師云：「本
> 無者，未有色法，先有於無，故從無出有。即無在有先，
> 有在無後，故稱本無。」此釋為肇公〈不真空論〉之所
> 破；亦經論之所未明也。

本無宗所說的「無在萬化之前，空為眾形之始」「未有色法，
先有於無，故從無出有」，就是《老子》「天地萬物生於有，
有生於無」的意思。吉藏《中觀論疏》又說：

> 第二即色義。但即色有二家：一者關內即色義。明即色
> 是空者。此明色無自性，故言即色是空，不言即色是本

---

❻ 六家，在僧叡〈毘摩羅詰提經義疏序〉中已經提到了，但不明其
確指。今從釋曇濟《六家七宗論》說，計有本無宗（本無異宗）、
即色宗、心無宗、識含宗、幻化宗、緣會宗。安澄《中論疏記》
說：「梁釋寶唱作《續法論》云：『宋釋曇濟作《六家七宗論》，論
有六家，分成七宗：一本無宗，二本無異宗，三即色宗，四心無
宗，五識含宗，六幻化宗，七緣會宗。今此言六家者，於七宗中
除本無異宗也。』有人傳云：『此言不明。今應云，於七宗中除本
無宗，名六家也。』」按：本無宗、本無異宗是一家分為二宗，今
除去那一宗，都無關緊要。

> 性空也……次支道林著〈即色遊玄論〉，明即色是空，
> 故言即色遊玄論。此猶是不壞假名，而說實相，與安師
> 本性空故無異也。

即色宗二支，一說色無自性（無實在性），一說色本性空。
前者仍得根源於本性空說（由本性空說而推及色無自性說），
後者全然與本無宗主張無異❼。這也是《老子》的有從無出
的說法。吉藏《中觀論疏》又說：

> 第三溫法師用心無義。心無者，無心於萬物，萬物未嘗
> 無。此釋意云：經中說諸法空者，欲令心體虛妄不執，
> 故言無耳。不空外物，即萬物之境不空。

心無宗所強調的「無心於萬物」，就是本於《老子》的「無
我」、《莊子》的「外物」「外身」，二說絲毫不差。吉藏《中
觀論疏》又說：

> 此四師（道安、法深、支遁、法溫）即晉世所立矣。爰
> 至宋大莊嚴寺曇濟法師著《七宗論》，還述前四，以為
> 四宗。第五于法開立識含義。三界為長夜之宅，心識為
> 大夢之主。今之所見群有，皆於夢中所見。其於大夢既
> 覺，長夜獲曉，即倒惑識滅，三界都空。是時無所從生，
> 而靡所不生。

---

❼ 這裏全就宗別說，不涉及個人。所以本無宗中有釋道安，即色宗
中有支遁（支道林），也無妨前面論說中舉該二人為例。

識含宗以為一切有都是心識所生的虛幻相，如夢中見萬物，覺後都空。這表面上不涉及「無」或「空」形上觀念，而純就識變觀念立論，但實際上它已經假定了本性空，不然心識幻相就沒有「掛搭」處。所以這也是《老子》學說的引申。吉藏《中觀論疏》又說：

> 第六壹法師云：「世諦之法，皆如幻化。」是故經云：「從本以來，未始有也。」

幻化宗從一切對象為幻化來說空❽，這基本上跟識含宗的主張沒有什麼差異，也是由《老子》有從無出的說法轉化而來。吉藏《中觀論疏》又說：

> 第七于道邃明緣會故有，名為世諦。緣散故即無，稱第一義諦。

緣會宗以緣會解釋萬有皆空❾，雖然跟識含宗、幻化宗的主

---

❽ 幻化宗所說的空僅及萬有，而不涉心神。安澄《中論疏記》說：「玄義云：『第一釋道壹著《神二諦論》云：「一切諸法，皆同幻化。同幻化故，名為世諦。心神猶真不空，是第一義。若神復空，教何所施？維修道隔凡成聖，故知神不空。」』」

❾ 安澄《中論疏記》說：「玄義云：『第七于道邃著《緣會二諦論》云：「緣會故有是俗，推拆無是真。譬如土木合為舍，舍無前體，有名無實。故佛告羅陀，壞滅色相無可見。」』」 緣會宗也是說萬有空而心神不空。

張稍有不同，但也不脫《老子》有從無出的旨意。顯然「六家七宗」說《般若經》，都有《老》《莊》形上學的影子❿。

又如以僧肇為主詮釋鳩摩羅什所傳龍樹《般若》學的北方師說，也常取《老》《莊》思想來比附。僧肇〈寶藏論〉說：

> 夫本際者，即一切眾生無礙涅槃之性也。何謂忽有如是妄心及以種種顛倒者？但為一念迷也。又此念者從一而起，又此一者從不思議起，不思議者即無所起。故經云：「道始生一，一為無為。一生二，二為妄心。」以知一故，即分為二。二生陰陽，陰陽為動靜也。以陽為清，以陰為濁。故清氣內虛為心，濁氣外凝為色，即有心色二法。心應於陽，陽應於動。色應於陰，陰應於靜。靜乃與玄牝相通，天地交合。故所謂一切眾生，皆稟陰陽虛氣而生。是以由一生二，二生三，三即生萬法也。既緣無為而有心，復緣有心而有色。故經云：「種種心色。」是以心生萬慮，色起萬端，和合業因，遂成三界種子。夫所以有三界者，為以執心為本，迷真一故，即有濁辱，生其妄氣。妄氣澄清，為無色界，所謂心也。澄濁現為

---

❿ 換句話說，「六家七宗」每從「本體義」看《般若》空義，而未彰顯其「主體性」。論者多以為這跟《般若》學並未深相契合。見勞思光，《中國哲學史》（香港，友聯，一九八〇年十一月），第二卷，頁二五四～二六一；柳田聖山原，〈初期的中國佛教〉，收於吳汝鈞，《佛學研究方法論》（臺北，學生，一九八九年九月），頁二六二～二六九。

色界，所謂身也。散滓穢為欲界，所謂塵境也。故經云：「三界虛妄不實，唯一妄心變化。」夫內有一生，即外有無為。內有二生，即外有有為。內有三生，即外有三界。既內外相應，遂生種種諸法及恆沙煩惱也。

《老子》中有「道生一，一生二，二生三，三生萬物。萬物負陰而抱陽，沖氣以為和」的說法，僧肇藉來講世界的起源，並進而以陰陽配身心。不僅如此，他還推演出「不真空」、「物不遷」、「般若無知」等義理。這分別見於他所撰寫的三篇文章：第一篇是〈不真空論〉：

然則萬物果有其所以不有，有其所以不無。有其所以不有，故雖有而非有。有其所以不無，故雖無而非無。雖無而非無，無者不絕虛。雖有而非有，有者非真有。若有不即真，無不夷跡，然則有無稱異，其致一也……所以然者，夫有若真有，有自常有，豈待緣而後有哉？譬彼真無，無自常無，豈待緣而後無也。若有不自有，待緣而後有者，故知有非真有。有非真有，雖有不可謂之有矣。不無者，夫無則湛然不動，可謂之無。萬物若無，則不應起，起則非無。以明緣起故不無也……然則萬法果有其所以不有，不可得而有。有其所以不無，不可得而無。何則？欲言其有，有非真生。欲言其無，事象既形。象形不即無，非真非實有。然則不真空義，顯於茲矣。故《放光》云：「諸法假號不真，譬如幻化人。非無幻化人，幻化人非真人也。」

現象世界中萬物，都是因緣湊合而生（稟陰陽虛氣而生），因緣不湊合就滅，所以萬物都「不真」。「不真」就是「空」（無自性）。第二篇是〈物不遷論〉：

> 夫人之所謂動者，以昔物不至今，故曰動而非靜。我之所謂靜者，亦以昔物不至今，故曰靜而非動。動而非靜，以其不來。靜而非動，以其不去……既知往物而不來，而謂今物而可往。往物既不來，今物何所往？何則？求向物於向，於向未嘗無。責向往於今，於今未嘗有。於今未嘗有，以明物不來。於向未嘗無，故知物不去。覆而求今，今亦不往。是謂昔物自在昔，不從今以至昔。今物自在今，不從昔以至今……是以言往不必往，古今常存，以其不動。稱去不必去，謂不從今至古，以其不來。不來，故不馳騁於古今。不動，故各性住於一世。

萬物既「不真空」，自然無往來變化（就是「物不遷」）。第三篇是〈般若無知論〉：

> 是以聖人虛其心而實其照，終日知而未嘗知也……然則智有窮幽之鑒而無知焉，神有應會之用而無慮焉。神無慮，故能獨王於世表。智無知，故能玄照於事外。智雖事外，未始無事。神雖世表，終日域中。所以俯仰順化，應接無窮。無幽不察，而無照功。斯則無知之所知，聖神之所會也。然其為物也，實而不有，虛而不無。存而不可論者，其唯聖智乎？何者？欲言其有，無狀無名。

欲言其無,聖以之靈。聖以之靈,故虛不失照。無狀無名,故照不失虛……是以聖智之用,未始暫廢。求之形相,未暫可得。故《寶積》曰:「以無心意而現行。」《放光》云:「不動等覺而建立諸法。」所以聖跡萬端,其致一而已矣。

萬物「不真空」, 也無往來變化,作為能照的般若智,這時也不應有所取了(就是「般若無知」)。後者說及聖人能虛照無相(性空) ❶,特又就《莊子》「聖人之用心若鏡」義加以發揮 ❷。

此外,又如吉藏的「二諦」義(有為世諦,無為真諦)、玄奘的唯識教「雙離空有」(破除我法二執)、天臺智顗的「真如」(一切諸法,都由心生,此心名為真如)、華嚴賢首的「法界觀」(觀法界全體,而此法界全體也由心所現)等,也都有跟「六家七宗」說相似的地方,不能不視為「格義」方法的「曲為引用」。

第二,除了《老》《莊》,還有以其他書義理擬配佛經義

---

❶ 參見呂澂,《中國佛學源流略講》(臺北,里仁,一九八五年一月),頁一一三~一一四。

❷ 此外,僧肇還取過《莊子》一是非義來解釋佛經。僧肇《維摩經注》說:「夫以道為道,非道為道者,則愛惡並起,垢累滋彰。何能通心妙旨,達平等之道乎?若能不以道為道,不以非道為非道者,則是非絕於心,遇物斯可乘矣。所以處是無是之情,乘非無非非之意。故能美惡齊觀,履逆常順。和光塵勞,愈晦愈明。斯可謂通達無礙,平等佛道也。」

理，這也頗為盛行。如在南方自立涅槃宗的竺道生，就曾用儒家書來作比擬。《高僧傳・竺道生傳》說：

> 生剖析經理，洞入幽微，乃說一闡提人皆得成佛。

又宗《一乘佛性慧日鈔》引《名僧傳》說：

> 生曰：「稟氣二儀者，皆是涅槃正因。三界受生，蓋惟惑果。闡提含生之類，何得獨無佛性？」

一闡提，指不信佛教正法，沒有祈求覺悟心願的人。這在印度佛教中，是唯一缺乏佛性，而不能成佛的人❸。竺道生卻說一闡提也有佛性，皆得成佛，顯然這是採用《孟子》「人皆可以為堯舜」、《荀子》「塗之人可以為禹」的說法。又佛教中有三世輪迴之說，謂一人今生所有修行的成就，都是來生繼續修行的根基。這樣歷劫修行，積漸才能成佛。竺道生對這點也有不同的看法。《高僧傳・竺道生傳》說：

> 生既潛思日久，徹悟言外，迺喟然歎曰：「夫象以盡意，得意則象忘。言以詮理，入理則言息。自經典東流，譯人重阻，多守滯文，鮮見圓義。若忘筌取魚，始可與言道矣。」於是校閱真俗，研思因果，迺立「善不受報」、「頓悟成佛」。

---

❸ 參見吳汝鈞，《佛教的概念與方法》（臺北，商務，一九八八年九月），頁三一九。

竺道生以經典中的語言文字為筌，忘筌取魚，才可與言道。對道能有了悟，立刻可以成佛。這是從肯定「人皆可以為堯舜」、「塗之人可以為禹」等主體自由而來必有的結果❶。換句話說，人人此生都可以成佛（猶如人人此生都可以為堯舜為禹），當下就可以成佛（猶如當下就可以為堯舜為禹），不必用漸修的工夫或等待來世才可以成佛。竺道生的「一闡提人皆得成佛」說，為後來的天臺、華嚴二宗所承襲；而「頓悟成佛」說，也成了禪宗的重要主張。

又如釋慧遠、宗炳等人所說的「神不滅」、「生死輪迴」等義，也都由講「形神分離」、「因果關係」的《易繫辭傳》、《淮南子》、桓譚《新論》等書作了先導❶。

又如相傳為釋慧思所作的《大乘止觀法門》書中，所說佛之淨心「不為世染」也「不為寂滯」，也是藉《易象傳》「天行健，君子以自彊不息」義所作的解釋，跟原佛教中所說涅槃境界（永寂不動）略有出入❶。

五、「格義」方法學的歷史與現代意義

---

❶ 另外，竺道生所立的「善不受報」義，詳細內容不可知。論者說大概像釋慧遠〈明報應論〉中取道家「無心而應物」旨義為說之類（若無心而應物，則雖有作為而無所感召，超過輪迴，不受報）。見馮友蘭，《中國哲學史》（未著出版年月），頁六八六～六八八。

❶ 參見注❶所引呂澂書，頁一六一～一六三。

❶ 參見注❶所引馮友蘭書，頁六六二。

　　以上所作的比較區分，都是相對設說，實際上並沒有所謂原始的佛教義理和後來的取譬引申，一切都從主體的理解出發。離開了主體的理解，也就無所謂佛教義理，無所謂取譬引申。不然佛教從佛陀證道弘法後，就不會分裂為各種部派；而各種部派也不會分裂為大小乘。

　　這個道理也不難懂。我們從四阿含經（《長阿含》、《中阿含》、《雜阿含》、《增壹阿含》）中所列「三法印」（諸行無常、諸法無我、涅槃寂靜或有漏皆苦）、「四諦」（苦、集、滅、道）、「十二因緣」（無明、行、識、名色、六入、觸、受、愛、取、有、生、老死）等佛教的基本義理來說，每一個概念都極度抽象，容許多元的詮釋。而多元的詮釋所以可能，是由於各人有他的「先見」（先期理解）存在❿。這時我們無從判斷誰的說法屬於原始佛教所有或原始佛教所無；如果我們作了其中一種判斷，也是受到自己「先見」的影響，不關對象本身的真假或對錯。

　　根據這一點來看過去的「格義」學，我們就很容易了解那是吸收外學不可或缺的途徑。因為佛教東來時所有的譯述講論，必然要用中國原有的概念（少數音譯，也要透過解說，

---

❿　任何的詮釋活動，詮釋者必須根據他已知的知識範疇和他對存有的體驗以及生命的體會，來決定他為詮釋對象所作的詮釋。而這一已知的知識範疇和對存有的體驗以及生命的體會，就是「先見」。參見伽達瑪(H. G. Gadamer)，《真理與方法》(吳文勇譯，臺北，南方，一九八八年四月)，頁一五七～一九六；霍伊(D. C. Hoy)，《批評的循環》(陳玉蓉譯，臺北，南方，一九八八年八月)，頁七五～一〇九。

才會明白)， 而這些概念不論隸屬於那一家，都成了譯述講論者的一部分「先見」，再加上譯述講論者對存有的體驗以及生命的體會所形成的一部分「先見」，合而決定了譯述講論者對佛教義理所作的譯述講論。而當各種面貌互異的譯述講論紛然雜出後，又會刺激彼此的「先見」， 而採取「捍衛」或「放棄」或「修正」既有的譯述講論。這也就是佛教在中國也出現了宗派林立現象的原因，實在沒有什麼好詫異的地方。

從詮釋學的立場來說，「格義」方法，既不必廢棄，也不可能廢棄。如果有人聲言他鄙視「格義」或不用「格義」，倘若那不是無知，就是有意「唱反調」。 前人既有明說反對「格義」而卻又用了「格義」， 後人自然也無法「免俗」。只是談詮釋，我們有義務要求詮釋者的意識範疇和詮釋對象所楬櫫的意識範疇「密切」相合，使所作的詮釋具有「相互主觀性」；或更進一步發掘詮釋對象所楬櫫意識範疇的「不足」，而給予適當的補充，以成就一種「創造的詮釋」 ❸。當然，這兩種詮釋也不能不受「先見」的限制（所作的詮釋仍有濃厚的主觀色彩），無法「定於一尊」，但比起一些「素朴」的詮釋，卻顯得有意義（有價值）多了。

---

❸ 前者， 參見沈清松， 〈解釋、理解、批判——詮釋學方法的原理及其應用〉，收於臺大哲學系主編，《當代西方哲學與方法論》（臺北，東大，一九八八年三月）， 頁二一～四〇。後者，參見傅偉勳，《從創造的詮釋學到大乘佛學》（臺北，東大，一九九〇年七月），頁一～四六。

附錄：後設宗教的當代性格及其問題

一、論題緣起

人類又將要度過一個世紀末了。世紀末對人類來說，彷彿是一場夢魘，揮之不去。如十八世紀末，法國大革命把古來支配歐洲的社會制度徹底顛覆了，宗教道德方面的一切權威標準也被破壞淨盡，自由批評的精神瀰漫整個歐洲，一切民心完全失去歸趨而陷於煩悶，結果普遍顯出懷疑和厭世。而到了十九世紀末，由於以自然科學為根柢的近代文明，排斥所有的理想、破壞標準道德、動搖宗教信仰更甚於往昔，愈發呈現動搖不安的情調，到處傳出厭世悲觀的聲音，普遍流露懷疑苦悶的現象❶。然而，這似乎都沒有本世紀末嚴重。

有人曾為大家勾繪這麼一幅本世紀末圖象：「世紀末的疲軟、焦慮、不安、空虛感、無力感，以及大禍臨頭感，隨處可見。屈指數數層積在普世人類頭上的烏雲，就有人口爆發，知識爆發，資訊爆發；核子大戰陰影，經濟蕭條陰影，軍備競賽陰影，祕密外交陰影，社會達爾文主義陰影；能源

---

❶　參見廚川白村，《西洋近代文藝思潮》（陳曉南譯，臺北，志文，一九八七年六月），頁四〇～七六。

危機，饑饉危機，污染危機，環境生態危機，心靈疾病蔓延
危機等等。我們在地球上生存和活動，空間愈來愈有限，精
神也愈來愈侷促緊張……許多有趣而易記的片語，從其流行
廣遠觀察，似乎是世紀末現象的閃爍與折射。如人類的困境，
迷失的一代，疲弱的一代，無根的新生代；絕望的情緒，混
亂的思想，生活的割據化，沒有明天的人，尋找靈魂的人；
以及不安全感、疏離感、失落感、罪惡感、挫折感、空虛感、
無力感；還有焦慮、憂鬱、冷漠、幻滅、絕望、失調、暴力
等等，幾乎成為我們這一代的口頭禪。」 ❷其實不只是世紀
末，人類不知從幾世紀以來，就沒有擁有過平靜的生活，不
滿的情緒總會在世紀末表現得更為強烈，希望新的世紀來臨
時能有所轉圜和改善，以至不由自主的要把一切醜惡和罪咎
「匯聚」到世紀末來剖析一番。

　　可以想見，人類感慨世紀末的衰頹、混亂和虛無之餘，
一定少不了會期盼所謂「救世主」或某一神祕力量的出現，
以開啟解救或挽回世界即將沈淪的契機。而事實上，這在本
世紀末已經有特別明顯的跡象，也就是形形色色的宗教在世
界各地如火如荼的復甦起來：如戰後嬰兒潮時期出生的美國
人，在七〇年代成了反宗教的一群，但同樣的這群人卻在九
〇年代末採取了跟以往信念背道而馳的行動，有的攜老偕幼
重回教堂，有的則接受新紀元運動思潮的洗禮；過去，改革
宗猶太教徒曾大肆刪改《聖經》中缺乏科學根據的內容，如
今他們卻重拾有關神蹟奇事、神話、彌賽亞的說法；日本神

❷　見趙滋蕃，《文學原理》（臺北，東大，一九八八年三月），〈緒
　論〉，頁二～三。

道又開始他們的節慶活動，信徒陸續回到地方寺廟，舉行象徵輪迴的各種儀式，一位號稱是「日本奇人」的得道高僧，在日本、美國、巴西各地擁有五百萬名信徒；基督教的靈恩運動浪潮，從八○年代以來已席捲了三億人，其中還包括幾百萬羅馬天主教徒；青年歸主協會在歐洲各地成立青少年活動中心，為青少年公益及福音事業打下良好基礎；宗教在中國及蘇聯解體後各國也風靡了不少年輕人；回教基本教義派的政治勢力早已遍布伊朗、阿富汗和整個阿拉伯世界，而這股銳不可當的宗教力量，在土耳其、埃及接受西式教育的中產階級間也有復起的趨勢❸。

　　不論這股宗教熱是否跟《舊約聖經》的〈但以理書〉和《新約》中的《啟示錄》所提到帶來至福的千禧年（當耶穌和眾聖者復臨並制服殘酷橫行的敵基督時，將為世界帶來千年的喜樂與和平）有關，都不可否認它或多或少直接源於不滿科技文明所引發的無窮禍害，以及科技理性無法詮釋或提供人生的意義。而從實情來衡量，如果沒有更有效的辦法為人類指引一條出路，那一向以尋求「救贖」或「解脫」為主要旨趣的宗教，仍會是人類優先考慮皈依的對象。因此，宗教在此刻就顯得格外重要，值得大家一起來關注；而後設宗教告訴人宗教的「一切」，更是迫切要加以了解（否則恐怕將難以入門）。這也就是本論題在選定上的一個因緣。此外，

❸　參見奈思比(John Naisbitt)、奧伯汀(Patricia Aburdene)，《二○○○年大趨勢》（尹萍譯，臺北，天下文化，一九九二年四月），頁二七七～二七八；林本炫編譯，《宗教與社會變遷》（臺北，巨流，一九九三年十一月），頁九九～四○○。

個人發現後設宗教還有可以調整方向或改變策略的餘地，以至本論題的選定另夾有再型構後設宗教的企圖，一併在這裏作個說明。

二、「後設宗教」釋義

在實地考察後設宗教的當代性格及其連帶產生的問題前，理當為「後設宗教」這個關鍵詞作一界定，底下的討論才方便進行。首先，它是由「宗教」和「後設」組成的複合概念，意義偏重在「後設」部分。雖然如此，「宗教」部分仍可以擁有相當的「獨立性」（也就是不必盡在「後設」中顯其意義），而這種「獨立性」固然會緣於大家對宗教本質的看法不同導至缺乏「本體」上的意涵，但卻不妨從大家較無異議的組構宗教體系的眾成分（包括神話、教義、儀式和典禮等等）處顯具「現象」上的意涵❹。這樣就可以暫時把某些成分較不完備的對象（如中國的儒家和道家❺）排除在「宗

❹ 有關宗教本質的言人人殊及組構宗教體系的成分較少爭議部分，可參見涂爾幹(Emile Durkheim)，《宗教生活的基本形式》（芮傳明、趙學元譯，臺北，桂冠，一九九二年九月），頁二三～四九；宋光宇編譯，《人類學導論》（臺北，桂冠，一九九○年二月），頁三六一～三七○。

❺ 儒家和道家曾被當作宗教看待（參見韋伯(Max Weber)，《中國的宗教：儒教與道教》（簡惠美譯，臺北，遠流，一九八九年一月），頁二○七～二九一。按：韋伯所說的「道教」，包括國人所說的道家和道教，這裏特別拈出道家來說），但它們跟一般的宗教畢

教」一詞的指涉外，同時也自動跟心理分析學家所指出的「世俗的神權宗教」（把「領袖」、「人民之父」、「政權」、「民族」及「社會主義者的祖國」等等當作敬仰崇拜的對象）❻ 保持距離。換句話說，這裏所用的「宗教」是採較早通義上的說法，專指猶太教、基督教、回教、佛教、道教等等普世公認的對象。而「後設」部分就只是在限定它的具體內容。

其次，「後設」一詞在當今已逐漸普遍用於各學科，而有所謂「後設哲學」、「後設邏輯」、「後設倫理學」、「後設科學」、「後設修辭」及「後設小說」等等名稱，但在宗教學領域還相當罕見❼；倒是像「宗教哲學」、「宗教人類學」、「宗教心理學」、「宗教社會學」、「宗教現象學」、「宗教史學」及「比較宗教學」一些名稱仍為大家所熟知慣用。因此，現在別出一個「後設宗教」， 自然要有道理可說，才能確立它的必要性（有別於「宗教哲學」、「宗教人類學」等等學科）。這得從「後設」說起：根據西方一位學者的考證，「後設」

<hr>

竟有所差異（以儒家為例，它並沒有像某些宗教把意識全副貫注在客觀的天道之轉為上帝上，由此展開其教義；而在主觀方面也沒有把呼求之情變為祈禱。參見牟宗三，《中國哲學的特質》（臺北，學生，一九八七年十月），頁一○三～一○四），最好不要混為一談。

❻ 參見弗羅門(Erich Fromm)，《心理分析與宗教》（林錦譯，臺北，慧炬，一九九二年五月），頁二三～六六。

❼ 在中文著作中，個人只知道傅偉勳曾經用過。見傅偉勳，《批判的繼承與創造的發展──「哲學與宗教」二集》（臺北，東大，一九八六年六月），頁二五二。

(metafiction) 這個術語似乎是在美國的一位批評家和自我意識作家蓋斯 (William H. Cass) 的一篇文章裏最初出現的。然而，像「後政治」、「後修辭」和「後戲劇」這樣的術語，一直是六〇年代以來的提示物，也是對人類如何反映、建構、傳達他們在這個世界上的經驗時所遇到的難題而表現出來的一種甚為普遍的文化興趣。後設通過正當的自我探索去追尋上述這類問題，把世界當作書本去抽取傳統的隱喻，但又常常依據當代哲學、語言學或是文學理論的術語，對這種隱喻加以改造❽。照理後設宗教要成立，也得從這裏取義，特指對宗教語言和它所對應的神祕世界之間關係的探索。但這麼一來，後設宗教就跟以「研究神學中的概念、命題，以及神學家的推理，同時還研究神學所立基、所由之而生的諸般宗教經驗的現象及崇拜的活動」為主的宗教哲學❾沒有多大差別；而更嚴重的是，它跟底下這段描述後設語言和後設小說的情況也幾乎不相上下：

> 現今對於「後」(meta) 層次上的話語和經驗所加深了的認識，部分來自於一種增強了的社會與文化的自我意識。不僅如此，這也反映出對於當代語言功能文化的更廣泛的理解，懂得語言功能在構成和保持我們的日常「現實」感方面的作用。關於語言只是被動地反映一個

---

❽ 見渥厄(Patricia Waugh)，《後設小說——自我意識小說的理論與實踐》(錢競、劉雁濱譯，臺北，駱駝，一九九五年一月)，頁三。

❾ 見希克(John Hick)，《宗教哲學》(錢永祥譯，臺北，三民，一九九一年四月)，頁二。

清晰的、有意義的「客觀」世界的簡單觀點，再也站不住腳了。語言是一個獨立的、自我包容的系統。這個系統產生出自身的「意義」。語言和現象世界的關係極其複雜，充滿疑問，但又是約定俗成的。「後」這樣的術語，就被用於探索這具有隨意性的語言系統和與其明顯相關的現實世界的關係。在小說中，則用於探索屬於(of)虛構的世界與虛構「之外」(outside)的世界的關係⑩。

此刻宗教語言所對應的那個神祕世界，就純粹是語言所構成的，而這比心理分析學家說「宗教是一種幻覺」⑪還要「徹底」。如果是這樣，又何必別立「後設宗教」的名目（就逕稱它為「後設語言」不就得了）？顯然本文不能順著上述這條理路來界定後設宗教，而必須另有考慮。基本上，這裏還是保留「後設」作為一個自我意識用語可能有的意義，只是它的對象將不限於宗教學各分支學科所會觸及的那些，也不同於後設小說所揭發的那個虛構物（或語言構設物）。換句話說，後設宗教是在探討或論述宗教所牽涉或所衍生的種種問題，可以說是一種泛宗教學或廣義宗教學。

既然後設宗教是在探討或論述宗教所牽涉或所衍生的種種問題，那就不排除它有對宗教進行規範的可能性，而使得後設宗教除了具備中性的「哲學方法論」上的意義外，還含有非中性的「規範理論」上的意義⑫。在這個前提下，本文

---

⑩　見注❽所引渥厄書，頁三～四。

⑪　見注❻所引弗羅門書，頁一一～一五。

⑫　有人對於後設理論不能保持價值中立，頗不以為然：「或有人說，

最後也要藉後設宗教的名義，來推測宗教在今後朝那個方向發展較為有利，合而構成一套可供比對參考的「新」後設宗教系統。

三、後設宗教的當代性格

從相對的角度來看，宗教跟其他學科或事物的不同，主要是它能帶給人一種神祕的心理體驗；而這種神祕的心理體驗可能包含著「極端的尊嚴和偉大」、「神聖的顫慄（畏懼或敬畏）」、「超常的力量」、「存在的充實」、「『能量』或個人的善的推動力」、「被創造意識」及「吸引力」等等因素❸，可說異常複雜而難以理解。後設宗教既然是在告訴人宗教的一

後設理論如後設倫理學，亦常構成一種特定的哲學理論，難於採取思想上的中立。譬如英國後設倫理學家赫爾(Hare)就以自己的一套後設倫理學看法轉化成為一種偽似性的獨家規範倫理學說(a pseudo-normative ethical theory)，外表上似乎保持『後設』性質的價值中立，實質上乃是一種規範性質的倫理思想。我雖了解後設理論墮為規範理論的情形存在，就後設理論家的價值中立要求這一點說，後設理論基本上仍應看成一般的哲學方法論。」（見傅偉勳，《從創造的詮釋學到大乘佛學——「哲學與宗教」四集》（臺北，東大，一九九〇年七月）, 頁六～七）然而，後設理論也是人創設的，並沒有任何先驗的標準可以規定它的內涵，一切都得採「界定式」用法。

❸ 參見成中英，〈論儒學與新儒學中的宗教實在與宗教認識〉，收於湯一介主編，《中國宗教：過去與現在》（臺北，淑馨，一九九四年六月），頁二八四引奧托（原名不詳）說。

切，理當也要觸及這個領域（不能因為它「異常複雜而難以理解」就不加理會或藉故逃避）；可是我們很難判斷這種神祕的心理體驗在當今是否發生大幅度的改變（而有必要或值得加以討論），以至這裏不得不採取「暫時擱置」或「存而不論」的處理方式予以因應。那麼剩下來可以談論的，就屬一些關於認知層面的問題。

大體上，底下的談論還基於一個重要的前提，就是「沒有先行的知識，就沒有信仰，如果一個人什麼都不了解，他也不可能相信上帝或某一神祕對象」❹。其次，為了再型構後設宗教的要求，另外要從同樣涉及認知層面的眾問題中挑選具有「代表性」或「相互主觀性」的部分來談論。前者是要扣緊宗教著重信仰的本質（即使加以論析辨難，也不妨礙人從這裡尋得終極歸趨），後者是要便利新後設宗教系統的建立（從當代現有的後設宗教切入，要比其他方式更容易進行再型構的工作）。這樣個人認為後設宗教在當代的表現，至少有四點是過去（大略以二十世紀為界線）所罕見或所沒有的：

第一，嘗試建立具有周延性的理論架構。如有人提出有關宗教思考的四種哲學類型：一是指向被實存地經驗到的作為另一個人格存在的終極大全的實在，這個人格傳統上被稱為上帝；二是指向被實存地經驗到的作為自我或個人的更大的或內在的認同而存在的終極大全的實在（這類宗教經驗跟上一類型的主要區別在於該終極大全的實在並非以個人內心

❹ 參見皮柏(Josef Pieper)，《相信與信仰》（黃藿譯，臺北，聯經，一九八五年十月），頁七引聖奧古斯丁(St. Augustine)說。

認同的方式作為一個異己的對象而被經驗到）； 三是從一些合理的前提推演出一套關於終極大全的某些特徵的基本信仰，或者把它們建立在理性的基礎之上，或者使其符合理性的要求；四是將第三類宗教哲學的合理性因素和第二類宗教哲學的實存之實現的結合起來❶。這就是一個典型的例子。它所對應的無非是宗教第一層級的問題，其中又以第一類型試圖去論證上帝的存在最為著名。雖然如此，論證上帝存在本身，也得有上述架構出現，才能獲致定位。而類似這種可供「全面性」認知用的理論架構，似乎只有當代才容易看到。

第二，有意擴充「救贖」和「解脫」的範圍。如一位解放神學家對基督教傳統教義所示教會的工作僅限於屬靈的層面（世俗層面的事物則留給世俗的權威）大表難以接受，他指出歷史是一個統一而不可分割的過程，人類於其中要麼就是達成自我實現，不然就是未能自我實現；正因為歷史是這樣一種統一的過程,因此沒有社會／經濟和政治層面的解放，心靈的救贖是不可能的。所以當心靈救贖的整個概念，被建構成跟社會和政治解放的條件不可分離時，它已經是被徹底歷史化了❶。這一重新詮釋的其中一項重要結果，是基督教的「原罪」概念也被歷史化了。這一概念不再限於指稱人之未能遵守《聖經》的律法，它還包括「起於人類不以兄弟相互對待，起於為少數人的利益，以及為剝削某些民族、種族與社會階級而設的壓迫性結構。罪是最根本性的異化，但正

---

❶　參見注❸所引成中英文，頁二六〇～二六三。

❶　見亨利(Paget Henry)，〈本土宗教與邊陲社會的轉型〉，收於注❸所引林本炫編譯書，頁八六引古提雷茲(Gustavo Gutiérrez)說。

因如此，它本身無法展現出來；它只有在具體的、歷史的情境中，以特定形態的異化而發生」**⑰**。在這種以歷史化的方式來詮釋罪這一觀念的情況下，隨之而來的是，自罪中解脫也必然同樣是歷史性的過程。結果是「解脫」不僅須包括心靈救贖的方案，同時也須包含社會／歷史性的方案。在這一救贖方案所提出來的替代性社會秩序中，其社會結構不會系統性地割裂人和上帝，以及人和其兄弟姊妹的關係**⑱**。這約略就是時下流行的宗教世俗化或現世化運動**⑲**，它除了顯現在基督教將「神聖」和「世俗」的二元區別逐漸解消，也顯現在佛教將「出世」和「入世」的二元區別逐漸解消**⑳**。而這似乎也只有在當代才日漸興盛。

　　第三，致力於「宗教現代化」的建設。這是要使宗教適應現代社會而從理論層面探索可能的策略或方案，如有人根

---

⑰　同上。

⑱　同上，頁八六～八七。

⑲　按：宗教的世俗化或現世化，另有一種解釋，是說「有關於超自然的信仰以及和這種信仰的實踐有關的實踐已經失去權威，而宗教的制度也失去社會影響力的過程」或「宗教已淪為一種外來的消費項目，與個人風格的裝飾品」（詳見史美舍(Neil J. Smelser)，《社會學》（陳光中等譯，臺北，桂冠，一九九一年七月），頁五〇九～五一一；安東尼(Dick Anthony)等，〈關於當今「新興宗教」的理論與研究〉，收於注**❸**所引林本炫編譯書，頁一一～一七）。但這跟本課題無關，姑且不論。

⑳　參見傅偉勳，《從西方哲學到禪佛教——「哲學與宗教」一集》（臺北，東大，一九八六年六月），頁三九五～三九六。

據勒納(Daniel Lerner)所歸納「現代化」所要具備的五個條件
（㈠要有一個自力成長的經濟結構；㈡要有一個公眾參與的
政治體系；㈢要有一個流動的社會形態；㈣要具有世俗的和
科學的思想觀念；㈤要具有能夠適應不斷變遷的人格）， 而
想到宗教也可以利用企業家的經營方式，來建立一個能夠出
版書籍、雜誌、電影、廣播，乃至辦學校、辦醫院等等文化
事業的經濟獨立體， 以及不妨聯合同類型的教派成立一個強
而有力的教會和透過各種可能的管道促使信徒勇於開創未來
（不拘泥於傳統） **㉑**。像這種要把宗教徹底「改頭換面」的
說法，幾乎是過去所未見，也是不可思議的（雖然已經有不
少宗教團體「不約而同」的在從事現代化的工作）。

　　第四，追求各種宗教的「統一性」。 這大略是為了達到
下列三個目標：㈠促使各種不同宗教傳統的信徒彼此之間有
更好的了解；㈡強調「普遍存在於各種宗教中的成分」； ㈢
試圖使所有各種宗教「深信，為了世界範圍的道德水平的提
高，有一項偉大的工作要它們一起去做」 **㉒**。而它的前提，
有一位比較宗教學者說的很清楚：宗教是一種「普遍的現象」，
是「人的心靈天生就有的」，是「人性的組成部分」，在全部
宗教表述後面存在著「同一個意向，同一個努力，同一個信

㉑　參見楊惠南，《當代學人談佛教》 （臺北，東大，一九九〇年十
　　月）， 頁二三～三一。按：楊氏主要在談佛教的現代化，但它的
　　「適用性」卻不限於佛教，無妨這裡取為論說。

㉒　見夏普(Eric J. Sharpe)，《比較宗教學──一個歷史的考察》 （呂
　　大吉等譯，臺北，久大文化、桂冠，一九九一年十二月）， 頁三
　　三六引森德蘭(Jabez T. Sunderland)說。

仰」❷。具體的作法，則有賴各宗教之間的「對話」。這樣的見識和努力，在過去也幾乎是不可想像的。

四、後設宗教的連帶問題

以上是從個別的後設宗教摘取或隸括來的，一般可能會認為如果沒有一種現成的後設宗教包括上述四個範疇，而本文所作的條理就算是後設宗教的再型構了。其實不然，既有的後設宗教多少都隱含著一些難題，還有待批判而後設法加以解決；所謂的再型構，正是要在那些難題獲得解決後才完成。因此，在走向再型構的階段前，所該或還要做的一件工作，就是針對上述後設宗教的表現進行批判。

就整體來看，後設宗教的存在，背後自有一股懷世溫情或救世意識在支持著，這本是不言可喻。但值得注意的是，伴隨著這股懷世溫情或救世意識而來的，可能還有一種更深沈的危機感。這種危機感，主要是凜於宗教本身正遭遇生存上的困難或發展上的局限而亟思對策所致。我們透過上述後設宗教的種種表現，應該不難找出兩者的關聯性。問題是：提出化解宗教危機的對策是一回事，而該對策實際是否有效又是一回事，這中間不妨經由「理性」來衡量（不必盡採「情感」上認同）。根據這一點，個人要不諱言的指出當代後設宗教的表現，恐怕有「實效」上的問題：

如「嘗試建立具有周延性的理論架構」方面，它最重要的是要能引導人去認知那個「終極大全」（上帝或某一神祕

---

❷ 同上，頁三四二引拉達克里希南(Sarvepalli Radhakrishnan)說。

對象）。 然而，無論再怎麼努力，都無法以論證的方式（如本體論論證、第一因論證、宇宙論論證、設計論證、道德論證及某些根據特殊事件的論證等等）來證明該「終極大全」的必然存在❷，這樣所建立的理論架構又有什麼價值可言❷？雖然該「終極大全」是屬於一種「超驗上的可能」❷，而且我們也無法從反面去論證它的不存在❷，但這種超驗上的可

---

❷ 參見注❾所引希克書，頁二七～五一。按：希氏所談的只限於上帝存在的證明而不及其他。但擴大來看，像佛教所說的「佛」境界或道教所說的「道」境界，論真要去證明，也會遭到同樣的困難（一般論者通常都以「不可說」為由輕易帶過）， 所以就以它為代表。

❷ 到頭來是不是還得暗示人做效一下巴斯噶(Pascal)「賭」的作法呢：神存在的問題是一團謎，我們對這個謎，最好先算計一下所冒的險，然後再決定採取什麼立場。假如我們用我們的生命賭上帝存在，那麼如果我們猜對了，我們就贏得了永恆拯救，而如果我們猜錯了，又會輸掉什麼呢？但是如果我們用我們的生命賭上帝不存在，那麼即使我們猜對了，我們仍然毫無所獲，而如果猜錯了的話，我們就輸掉了永恆的幸福。「讓我們來考慮一下賭上帝存在時的得與失吧。讓我們估量一下這兩種機會。如果你贏，你贏得了一切，如果你輸，你輸不掉任何東西。那麼，毫不遲疑地賭衪存在吧!」（同上，頁一一四～一一五引述）

❷ 參見沈清松，《現代哲學論衡》（臺北，黎明，一九八六年十月），頁七二。

❷ 參見注❾所引希克書，頁五七～八二。按：如果我們不相信這一點，至少要承認下列三個不合理結論：一、人的智力是無限的、萬能的，可洞悉所有事理，上天下地沒有人的智力不能達到的領

能只具有「個別性」，不具有「普遍性」（也就是並非人人都能體驗得到）。 就認知層面來看，該理論架構的建立，難免給人有「白費」或「無謂」的疑慮。

又如「有意擴充『救贖』和『解脫』的範圍」方面，它所要對治的是人和人的疏離（異化）， 以及人和人的相互剝削、壓迫等等人間慘劇，出發點絕無問題，但結果又如何？我們知道人類所以不能和睦相處，關鍵在於「利益」和「權力」的衝突（而有所謂「經濟戰爭」、「軍事戰爭」甚至「宗教戰爭」的發生，以及「政治霸權」和「文化霸權」的存在❷）。解決不了「利益」和「權力」的衝突，人世也勢必繼續不得安寧。試問宗教在這個環節上如何扮演一個足以化解這類衝突的「強勢角色」（兼有強勢的作為）？ 如果不能，後設宗教所指引的「擴充『救贖』和『解脫』的範圍」這條路，豈不是緩不濟急？

又如「致力於『宗教現代化』的建設」方面，它無非是以既有的「現代化國家」或「現代化社會」為模本，試圖為

域；二、每一個人的所有知識均由自己研究得來的，不必靠別人的權威；三、歷史上至少有些人，在探討真理的過程中，在追求知識所作的努力上，未曾犯過任何錯誤（參見曾仰如，《宗教哲學》（臺北，商務，一九九三年四月），頁二八三～二八四）。

❷ 尤其是「文化霸權」， 它幾乎無孔不入的對世界各國進行文化侵略，而複雜和攪亂了世人的思想習慣和生活行為。參見波寇克(Robert Bocock)，《文化霸權》（田心喻譯，臺北，遠流，一九九一年十月）；湯林森(John Tomlinson)，《文化帝國主義》（馮建三譯，臺北，時報，一九九四年五月）。

宗教本身謀得更有利的生存或發展條件。只是「現代化」的
作為，就一個國家來說，必然要促進科技的發展、資源的開
發、工商業和經濟的活動、能源的加強、交通和各種通信聯
絡網的改善及設備、外資的引入、跨國公司的參與和旅遊業
的擴展等等❷，而這種種活動，幾乎沒有一項不影響到國家
的地理和自然生態環境以及污染的問題。此外，「現代化」
中的「現代性」，預設了「人為主體」，不免會強化人的權力
慾望，衍生出惡性宰制他人的局面；同時它所建構的「表象
文化」（一套套相應世界的理論體系）也已失去「所指」而
淪為「假象文化」，連帶使人「頓失所依」；還有它所帶動的
「工具（科技）理性」所促成的統合機制也在快速的瓦解或
分化中，為人類自己增添「自縛手腳」和「不確定未來」等
等危機❸。在這種情況下，「現代化」顯然已經是一條不歸路，
應該緩和下來或改弦易轍。而此刻後設宗教還要為宗教勾繪
一幅現代化的藍圖，又是什麼道理？倘若各宗教團體也都積
極的走上這條路，將來如何能免於「自陷泥淖」？

又如「追求各種宗教的『統一性』」方面，這原有崇高的
理想在（為增進各宗教間的相互了解，進而促成人類社會的
正義與和平），可是要各宗教進行對話，仍有很多困難存在。
正如一位長期觀察過實際的宗教對話的神學研究者所說的：
「對話神學所需面對與克服的最大困難，乃是『相對主義』

---

❷ 參見鍾志邦，〈從幾個神學觀點看中國現代化的一些問題──一
位海外華裔的初步探討〉，收於注❸所引湯一介主編書，頁三〇。

❸ 參見沈清松，〈從現代到後現代〉，刊於《哲學雜誌》第四期（一
九九三年四月），頁四～二四。

(relativism)及『混合主義』(syncreticism)的兩難與雙重危險。一方面如因尊重對方而主張各宗教有不同真理與救贖，有其獨特性(uniqueness)，則真理的普遍性乃受挑戰，基督教宣教、見證的動機與理由乃面對質疑。另一方面如因尊重對方是因為假設每個宗教都具有相同的真理與救贖，則不免陷於混合主義、斷章取義，既誤解他人也妥協自己，而致扭曲了各宗教之特性與內容。」❸ 此外，參與對話的成員「大都依循傳統神學的路線，不是把宗教視為客觀的學科研究，就是把對話工作專注於教義異同的辨證。這種把宗教從人的心靈拉開的神學假設，實是宗教神學的致命傷」❷。因此，類似的對話設計，真不知它能產生什麼具體成效❸。

　由此可見，後設宗教在當代的表現，固然大不同於往昔

❸ 見黃伯和，《宗教與自決——臺灣本土宣教初探》（臺北，稻鄉，一九九〇年十一月），頁一九六～一九七。

❷ 同上，頁一九七。

❸ 何況這中間還有一種「宗教優越感」要先消除（蔡納爾(R. C. Zaehner)在一九七〇年出版的一本書中，曾提到「在英國的大學中，很難求得上述第三個作用——促進各大宗教之間的理解——因為在英國的大學裏，非基督教宗教幾乎根本不能說可以得到闡明。我認為，試圖把『和諧』引入如人類各大宗教這樣的看來是全然不同的因素之中，不是一個大學教授的合理作用，假如作為結果的和諧僅僅是表面上的、口頭上的、虛構的，而這看來是不可避免的。這種做法在一個政治家的身上很可能是值得稱讚的。而在關心追求真理的職業中，這卻是被詛咒的事情。」（見注❷所引夏普書，頁三四七引）類似這種情況，至今恐怕還沒有完全戒絕）。

而頗有要一展新猷的氣勢，但它目前所提出的對策或方案，卻不免於即將「窒礙難行」或「沒有遠景」可以期待的命運，不能說不是憾事一椿。也正因為這樣，所以才有再型構後設宗教的必要性（如果我們仍然不能自外於宗教事務，也不能缺少對宗教信仰的關心）。

五、未來展望

那麼，一個新的後設宗教系統究竟該是怎樣的？這沒有辦法一開始就憑空創設出一套「完整」的體系，只能「點點滴滴」的來做，先從基礎建起。在這個過程中，並不排除宗教繼續深化「信仰」的課題，畢竟它還是人獲得心理慰藉的主要來源，淡化或取消信仰，宗教也就不成為宗教。而就宗教本身來說，它在當前這一紊亂程度仍在加遽的所謂「後現代社會」中，積極於關注焦慮、絕望、自殺等一類課題，以走向「新宗教」來挽救合法性危機的根源（信仰危機）❸，站在後設宗教的立場，也不便反對（雖然該一作法成效有限）。因此，像下面這段話中所引述的種種「設想」，也無妨給它作個安置：

> 瑞士的漢斯・昆首先注意到走向後現代之途的神學問題，並指出，後現代的問題最基本的乃是基本信賴還是基本不信賴的問題。在今天，信賴上帝與否，就是後現

---

❸ 參見王岳川、尚水編，《後現代主義文化與美學》（北京，北京大學，一九九三年十月），〈代序〉，頁三八。

代所面臨的基本抉擇。因此，如何發展一種後現代範式中的批判的普世神學，應成當代「生存論上的抉擇」。美國的存在主義神學家蒂利希力求在後現代時期人的焦慮和絕望中，尋找到一種敢於把無意義這一最具毀滅性的焦慮納入自身的最高勇氣（「敢於絕望的勇氣」the courage of despais）。英國宗教哲學家約翰・麥奎利在展示二十世紀的宗教思想時，認為在走向「世紀末」的後現代的「反文化」思潮中，儘管宗教思想也曾產生諸如「後基督時代」混亂和迷惑，但它們也證明「宗教和對宗教的思索絕對沒有死亡」。因為「人是一種奧祕，他不斷地超越出自身之外，他隨身帶來了理解超越意義的線索」❸。

不過，在這裏另有優先要考量的課題，就是從人類耗用資源而造成能趨疲（entropy，熵）即將到達臨界點❸的角度來看，宗教最有利的發展是「聯合」起來抗拒或對治「現代化」（而不是順應「現代化」，參與耗用資源的行列），也許可以緩和人類所要面對的浩劫（將要無資源可用，以及因能趨疲的飽和而使地球陷於一片死寂）。

後設宗教應該從上述這點著眼，才是因應當前處境的「正常」作法，否則就看不出它能把宗教引到什麼新途徑上去。

---

❸　同上，頁三九。

❸　參見雷夫金（Jeremy Rifkin），《能趨疲：新世界觀——二十一世紀人類文明的新曙光》（蔡伸章譯，臺北，一九八八年九月），頁一五四～一八六。

因此，即使本文沒有接著深論具體的方案，也無損於它可作為未來後設宗教成立的「終極性綱領」。 換句話說，任何繼起的後設宗教，都得為宗教規畫出協助人類化解生存危機(這是最優先的問題) 的可能或有效的辦法，以符應能趨疲時代的新世界觀 (宗教本身也才能長久「存在」)。而本文前面所說的再型構工作，到此地也勉強可以算是告一段落。

參考文獻

一、 典籍部分：

《長阿含經》

《中阿含經》

《增壹阿含經》

《雜阿含經》

《佛般泥洹經》

《善生子經》

《分別善惡報應經》

《心地觀經》

《金色王經》

《悲華經》

《中本起經》

《大乘本生心地觀經》

《百喻經》

《般若波羅蜜多心經》

《金剛般若經》

《摩訶般若波羅蜜經》

《大品般若經》

《妙法蓮華經》

《大方廣佛華嚴經》

《大寶積經》

《大乘十法經》

《大般涅槃經》

《大涅槃經》

《大方等大集經》

《栴陀越國王經》

《觀佛三昧海經》

《大集經》

《自在王菩薩經》

《坐禪三昧經》

《金光明最勝王經》

《三慧經》

《因緣僧護經》

《分別善惡所起經》

《正法念處理》

《分別業報略經》

《圓覺經》

《字經抄》

《出生菩提心經》

《解深蜜經》

《千光眼觀自在菩薩祕密法經》

《千手千眼觀世音菩薩廣大圓滿無礙大悲心陀羅尼經》

《菩薩戒經》

《天尊說阿育王譬喻經》

《優婆塞戒經》

《四分律》

《根本說一切有部毘奈耶》

《大智度論》

《大毘婆沙論》

《俱舍論》

《中論》

《瑜伽師地論》

《十二門論》

《顯揚聖教論》

《廣五蘊論》

《成唯識論》

《大乘阿毘達磨雜集論》

《喻疑論》

《大乘起信論》

《成實論》

《般若波羅蜜多心經幽贊》

《法華義記》

《法華玄義》

《大乘止觀法門》

《大乘義章》

《無門關》

《禪源諸詮集都序》

《六祖法寶壇經》

《宛陵錄》

《碧巖錄》

《宗鏡錄》

《臨濟錄》

《高僧傳》

《五燈會元》

《景德傳燈錄》

《弘明集》

《中觀論疏》

《維摩經玄疏》

《中論疏記》

《一乘佛性慧日抄》

《周易》

《毛詩正義》

《毛詩音義》

《孟子》

《老子》

《莊子》

《史記》

《淮南子》

《說苑》

《新論》

《世說新語》

《文心雕龍》

《詩品》

《詩集傳》

《韻語陽秋》

《竹林問答》

《薑齋詩話》

《復堂詞話》

二、專著部分：

丁　敏，《佛教譬喻文學研究》，臺北，東初，一九九六
　　　　年三月。

于凌波，《簡明佛學概論》，臺北，東大，一九九三年八
　　　　月。

方立天，《佛教哲學》，臺北，洪葉，一九九四年七月。

方蘭生，《傳播原理》，臺北，三民，一九八八年十一月。

中國古典文學研究會主編，《古典文學（第十一集）》，
　　　　臺北，學生，一九九〇年十二月。

王岳川，《後現代主義文化研究》，臺北，淑馨，一九九
　　　　三年二月。

王岳川等編，《後現代主義文化美學》，北京，北京大學，
　　　　一九九三年十月。

王國書，《現代管理學概論》，臺北，黎明，一九七四年，
　　　　三月。

王夢鷗，《文學概論》，臺北，藝文，一九七六年五月。

太虛太師等，《菩薩行》，臺北，世界佛教，一九九四年
　　　　八月。

巴壺天，《禪骨詩心集》，臺北，東大，一九八八年九月。

木村泰賢，《原始佛教思想論》（歐陽瀚存譯），臺北，
　　　　商務，一九九三年五月。

皮　柏，《相信與信仰》（黃藿譯），臺北，聯經，一九
　　　　八五年十月。

史美舍，《社會學》（陳光中等譯），臺北，桂冠，一九
　　　　九一年七月。

史密斯，《人類的宗教──佛學篇》（舒吉譯），臺北，慧
　　　　炬，一九九一年三月。

印順法師，《中國禪宗史》，臺北，慧日講堂，一九八九
　　　　年十月。

成中英，《中國哲學的現代化與世界化》，臺北，聯經，
　　　　一九八九年十月。

成中英，《C理論──易經管理哲學》，臺北，東大，一
　　　　九九五年七月。

朱光潛選譯，《柏臘圖文藝對話集》，臺北，蒲公英，一
　　　　九八六年。

托多洛夫，《批評的批評──教育小說》（王東亮等譯），
　　　　臺北，久大、桂冠，一九九〇年一月。

托佛勒，《大未來》（吳迎春譯），臺北，時報，一九九
　　　　一年十一月。

牟宗三，《佛性與般若》，臺北，學生，一九八四年九月。

牟宗三，《中國哲學的特質》，臺北，學生，一九八七年
　　　　十月。

艾斯敦，《語言的哲學》（何秀煌譯），臺北，三民，一
　　　　九八七年三月。

弗羅門，《心理分析與宗教》（林錦譯），臺北，慧炬，
　　一九九二年五月。

呂大吉主編，《宗教學通論》，臺北，博遠，一九九三年
　　四月。

呂　澂，《印度佛教史略》，臺北，新文豐，一九八三年
　　一月。

呂　澂，《中國佛學源流略講》，臺北，里仁，一九八五
　　年一月。

宋光宇編譯，《人類學導論》，臺北，桂冠，一九九〇年
　　二月。

宋光宇編，《臺灣經驗（二）—— 社會文化篇》，臺北，
　　東大，一九九四年七月。

李安宅，《意義學》，臺北，商務，一九七八年五月。

李茂政，《大眾傳播新論》，臺北，三民，一九八六年九
　　月。

希　克，《宗教哲學》（錢永祥譯），臺北，三民，一九
　　九一年四月，

何秀煌，《記號學導論》，臺北，水牛，一九八八年九月。

沈清松，《現代哲學論衡》，臺北，黎明，一九八六年十
　　月。

沈清松，《解除世界魔咒》，臺北，時報，一九八六年十
　　月。

沈清松，《物理之後 —— 形上學的發展》，臺北，牛頓，
　　一九八七年一月。

邢福泉，《臺灣的佛教與佛寺》，臺北，商務，一九九二

年七月。

伽達瑪，《真理與方法 —— 哲學詮釋學的基本特徵》（吳
　　文勇譯），臺北，南方，一九八八年四月。

林本炫編譯，《宗教與社會變遷》，臺北，巨流，一九九
　　三年十一月。

林安弘，《行為管理論》，臺北，三民，一九九一年十一
　　月。

吳汝鈞，《佛教的概念與方法》，臺北，商務，一九八八
　　年九月。

吳汝鈞，《佛學研究方法論》，臺北，學生，一九八九年
　　九月。

奈思比等，《二〇〇〇年大趨勢》（尹萍譯），臺北，天
　　下文化，一九九二年四月。

波寇克，《文化霸權》（田心喻譯），臺北，遠流，一九
　　九一年十月。

周華山，《意義 —— 詮釋學的啟迪》，臺北，商務，一九
　　九三年三月。

周慶華，《秩序的探索 —— 當代文學論述的省察》，臺北，
　　東大，一九九四年十一月。

周慶華，《文學圖繪》，臺北，東大，一九九六年三月。

帕　瑪，《詮釋學》（嚴平譯），臺北，桂冠，一九九二
　　年五月。

金耀基等，《中國現代化的歷程》，臺北，時報，一九九
　　〇年十一月。

柳田聖山，《中國禪思想史》（吳汝鈞譯），臺北，商務，

一九九二年九月。

韋　伯，《新教倫理與資本主義精神》（于曉等譯），臺北，谷風，一九八八年九月。

韋　伯，《中國的宗教：儒教與道教》（簡惠美譯），臺北，遠流，一九八九年一月。

柏拉圖，《拍拉圖理想國》（候健譯），臺北，聯經，一九八九年五月。

俞建章等，《符號：語言與藝術》，臺北，久大文化，一九九〇年五月。

洪啟嵩，《佛菩薩修行法門》，臺北，時報，一九九三年九月。

飛雲居士，《細說臺灣民間信仰》，臺北，益羣，一九九三年四月。

范壽康，《中國哲學史綱要》，開明，一九八二年十月。

南懷瑾，《禪宗叢林制度與中國社會》，臺北，藝文，一九六四年五月。

秦家懿等，《中國宗教與西方神學》（吳華主譯），臺北，聯經，一九九三年三月。

夏　普，《比較宗教學——一個歷史的考察》（呂大吉等譯），臺北，久大、桂冠，一九九一年十二月。

柴　熙，《認識論》，臺北，商務，一九八三年八月。

索緒爾，《普通語言學教程》（高名凱譯），臺北，弘文館，一九八五年十月。

殷　鼎，《理解的命運》，臺北，東大，一九九〇年一月。

涂爾幹，《宗教生活的基本形式》（芮傳明等譯），臺北，

桂冠，一九九二年九月。

海德格，《存在與時間》（王節慶等譯），臺北，久大、桂冠，一九九三年七月。

麥克唐納，《言說的理論》（陳墇津譯），臺北，遠流，一九九〇年十二月。

陳沛然，《佛家哲理通析》，臺北，東大，一九九三年十月。

陳俊輝，《邁向詮釋學論爭的途徑——從祈克果到黎柯爾》，臺北，唐山，一九九〇年九月。

陳榮捷，《現代中國的宗教趨勢》（唐世德譯），臺北，文殊，一九八七年十一月。

曼紐什，《懷疑論美學》（古城里譯），臺北，商鼎，一九九二年十月。

梅納德等，《第四波——二十一世紀企業大趨勢》（蔡伸章譯），臺北，牛頓，一九九四年九月。

郭崑謨，《管理中國化導論——「管理外管理」導向》，臺北，華泰，一九九〇年一月。

湯一介主編，《中國宗教：過去與現在》，臺北，淑馨，一九九四年六月。

湯用彤，《漢魏兩晉南北朝佛教史》，臺北，駱駝，一九八七年八月。

湯林森，《文化帝國主義》（馮建三譯），臺北，時報，一九九四年五月。

渥　厄，《後設小說——自我意識小說的理論與實踐》（錢競等譯），臺北，駱駝，一九九五年一月。

黃公偉，《佛學原理通釋》，臺北，新文豐，一九八九年
　　　七月。

黃伯和，《宗教與自決——臺灣本土宣教初探》，臺北，
　　　稻鄉，一九九〇年十一月。

黃紹倫編，《中國宗教倫理與現代化》，臺北，商務，一
　　　九九二年七月。

黃宣範，《語言哲學——意義與指涉理論的研究》，臺北，
　　　文鶴，一九八三年十二月。

黃慶萱，《修辭學》，臺北，三民，一九八三年十月。

黃懺華等，《中國佛教教理詮釋》，臺北，文津，一九九
　　　〇年七月。

張永聲主編，《思維方法大全》，江蘇，科學技術，一九
　　　九一年一月。

張汝倫，《意義的探究——當代西方釋義學》，臺北，谷
　　　風，一九八八年五月。

張建軍，《科學的難題——悖論》，臺北，淑馨，一九九
　　　四年十一月。

曾仰如，《宗教哲學》，臺北，商務，一九九三年四月。

勞思光，《中國哲學史（第二卷）》，香港，友聯，一九
　　　八〇年十一月。

傅偉勳，《批判的繼承與創造的發展》，臺北，東大，一
　　　九八六年六月。

傅偉勳，《從西方哲學到禪佛教》，臺北，東大，一九八
　　　六年六月。

傅偉勳，《從創造的詮釋學到大乘佛學》，臺北，東大，

一九九〇年七月。

傅偉勳,《佛教思想的現代探索》,臺北,東大,一九九五年三月。

傅勤家,《中國道教史》,臺北,商務,一九八五年八月。

雷夫金,《能趨疲:新世界觀》(蔡伸章譯), 臺北,志文,一九八八年九月。

臺大哲學系主編,《當代西方哲學與方法論》,臺北,東大,一九八八年三月。

鈴木大拙,《禪天禪地》(徐進夫譯), 臺北,志文,一九八一年九月。

楊士毅,《邏輯與人生 —— 語言與謬語》,臺北,書林,一九九四年三月。

楊惠南,《當代學人談佛教》,臺北,東大,一九九〇年十月。

楊惠南,《當代佛教思想展望》,臺北,東大,一九九一年九月。

楊惠南,《龍樹與中觀哲學》,臺北,東大,一九九二年十月。

彭文賢,《系統研究法的組織理論之分析》,臺北,聯經,一九九〇年十月。

聖印法師,《普門戶戶有觀音 —— 觀音救世法門》,臺北,圓明,一九九三年一月。

榮泰生,《管理學》,臺北,五南,一九九四年十一月。

葉維廉,《比較詩學》,臺北,東大,一九八三年二月。

葉維廉,《歷史、傳釋與美學》,臺北,東大,一九八八

年三月。

廚川白村,《西洋近代文藝思潮》(陳曉南譯), 臺北,
　　志文,一九八七年六月。

廖炳惠,《解構批評論集》,臺北,東大,一九八五年九
　　月。

趙滋蕃,《文學原理》,臺北,東大,一九八八年三月。

滕守堯,《對話理論》,臺北,揚智,一九九五年二月。

黎波諾,《水平思考法》(余阿勳譯), 臺北,水牛,一
　　九八九年四月。

鄭金德,《現代佛學原理》,臺北,東大,一九九一年八
　　月。

鄭僧一,《觀音 —— 半個亞洲的信仰》(鄭振煌譯),臺北,
　　慧炬,一九九三年十一月。

劉昌元,《西方美學導論》,臺北,聯經,一九八七年八
　　月。

劉　康,《對話的喧聲 —— 巴赫汀文化理論評述》,臺北,
　　麥田,一九九五年五月。

蔣維喬,《佛學概論》,高雄,佛光,一九九三年八月。

霍　伊,《批評的循環》(陳玉蓉譯), 臺北,南方,一
　　九八八年八月。

霍韜晦,《絕對與圓融》,臺北,東大,一九八九年十二
　　月。

賴金男,《未來學續論》,臺北,淡江大學,一九八九年
　　五月。

藍吉富,《二十世紀的中日佛教》,臺北,新文豐,一九

九一年十月。

藍吉富等主編，《中國文化新論——宗教禮俗篇》，臺北，
　　　　聯經，一九九三年十二月。

蕭武桐，《禪的智慧 VS 現代管理》，高雄，佛光，一九
　　　　九三年十一月。

蕭登福，《道教與佛教》，臺北，東大，一九九五年十月。

三、論文部分：

丁仁傑，〈現代社會中佛教組織的組織轉型與組織制度化
　　　　有關問題之探討：以臺灣佛教慈濟功德會的發
　　　　展為例〉，佛光大學宗教文化研究中心等主辦
　　　　「第一屆宗教文化國際學術會議」論文，一九
　　　　九六年一月二十六日～二十九日。

丁　敏，〈聖嚴法師佛教事業的經營形態〉，佛光大學籌
　　　　備處主辦「佛教現代化國際學術研討會」論文，
　　　　一九九四年十月八日～十日。

吳永猛，〈現代寺院經濟之探討〉，佛光大學籌備處主辦
　　　　「佛教現代化國際學術研討會」論文。

沈清松，〈從現代到後現代〉，刊於《哲學雜誌》第四期，
　　　　一九九三年四月。

周慶華，〈比興修辭法的心理基礎〉，刊於《中央日報》，
　　　　一九九三年八月十九日，第十五版。

鈕則誠，〈宗教學與科學學及女性學：兩種西方科際學科
　　　　間的對話〉，佛光大學宗教文化研究中心等主辦
　　　　「第一屆宗教文化國際學術會議」論文。

蔣義斌，〈大慧宗杲看話禪的疑與信〉，刊於《國際佛學研究年刊》創刊號，一九九一年十二月。

現代佛學叢書（一）

書名	作者	出版狀況
臺灣佛教與現代社會	江燦騰	已出版
學佛自在	林世敏	已出版
達摩廓然	郜家駿	已出版
濟公和尚	賴永海	已出版
禪宗六變	顧偉康	已出版
人間佛教的播種者	釋昭慧	已出版
菩提道上的善女人	釋恆清	已出版
佛性思想	釋恆清	已出版
道教與佛教	蕭登福	已出版
中國華嚴思想史	木村清孝著 李惠英　譯	已出版
佛學新視野	周慶華	已出版
天台性具思想	陳英善	排印中
慈悲	中村元著 江支地譯	排印中
唐代詩歌與禪學	蕭麗華	排印中
佛教史料學	藍吉富	排印中
傳統公案的現代解析	李元松	撰稿中

現代佛學叢書（二）

書名	作者	出版狀況
提婆達多	藍吉富	撰稿中
梁武帝	顏尚文	撰稿中
禪定與止觀	釋慧開	撰稿中
宋儒與佛教	蔣義斌	撰稿中
淨土概論	釋慧嚴	撰稿中
臺灣佛教藝術賞析	陳清香	撰稿中
中國佛教藝術賞析	李玉珉	撰稿中
維摩詰經與中國佛教	賴永海	撰稿中
禪淨合一流略	顧偉康	撰稿中
禪宗公案解析	陳榮波	撰稿中
佛教與環保	林朝成	撰稿中
當代臺灣僧侶自傳研究	丁　敏	撰稿中
臺灣佛教發展史	姚麗香	撰稿中
榮格與佛教	劉耀中	撰稿中
菩提達摩考	屈大成	撰稿中
虛雲法師	陳慧劍	撰稿中
歐陽竟無	溫金柯	撰稿中
佛使尊者	鄭振煌	撰稿中
佛教美學	蕭振邦	撰稿中